Robert Pragst

AUF BEWÄHRUNG

Mein Jahr als Staatsanwalt

W0312604

Deutscher Taschenbuch Verlag

MIX
Papier aus verantwortungsvollen Quellen
FSC® C013736
www.fsc.org

Originalausgabe 2011
© 2011 Deutscher Taschenbuch Verlag GmbH & Co. KG,
München
Das Werk ist urheberrechtlich geschützt.
Sämtliche, auch auszugsweise Verwertungen bleiben vorbehalten.
Umschlagkonzept: Balk & Brumshagen
Umschlagbild: Gerhard Glück
Satz: Greiner & Reichel, Köln
Gesetzt aus der Bembo 10,5/14,25'
Druck und Bindung: Kösel, Krugzell
Gedruckt auf säurefreiem, chlorfrei gebleichtem Papier
Printed in Germany · ISBN 978-3-423-24903-4

Vorwort

Was heißt es, Staatsanwalt zu sein? Verändert es den Charakter, wenn man tagein, tagaus nur mit den schlechtesten Wesenszügen der Menschen zu tun hat? Wenn man auf der einen Seite mit gemeinen Straftätern und auf der anderen mit bemitleidenswerten Opfern konfrontiert ist?

Wie lebt man damit, dass ein Täter, den man als Staatsanwalt mit aufwendigen Ermittlungen »überführt« zu haben glaubt, vom Gericht wegen »letzter Zweifel« freigesprochen wird? Obwohl man der festen Überzeugung ist, dass der Täter schuldig ist?

Stumpft man im Prozessalltag irgendwann selbst gegenüber schwerwiegenden Vergehen ab? Verfolgen einen die Verbrechen auch zu Hause oder lernt man abzuschalten?

Als ich im Rahmen meiner Ausbildung meinen einjährigen Dienst bei der Staatsanwaltschaft Berlin antrat, machte ich mir über all diese Fragen keine Gedanken. Vielmehr befürchtete ich, der Arbeit in der mit Abstand größten Staatsanwaltschaft Deutschlands vielleicht überhaupt nicht gewachsen zu sein. Ich hatte schlimme Gerüchte aus dem riesigen Gerichtskomplex in Berlin-Moabit gehört. Einer Strafverfolgungsfabrik mit allein dreihundertdreißig Staatsanwälten, wobei das Gebäude selbst, als einer der bedeutendsten Bauten der wilhelminischen Zeit, eine solche Bezeichnung eigentlich nicht verdient hat.

Mir war klar, dass in meinem letzten Jahr als Proberichter eine Menge Arbeit auf mich warten würde und zum Schluss vielleicht die Enttäuschung, dort als Staatsanwalt auf Lebenszeit ernannt zu werden. Mein Berufswunsch war es aber, Zivilrichter zu werden.

Die vielen Eindrücke und Erlebnisse, die ich während dieses Jahres hatte, bilden Grundlage und Motivation für dieses Buch. Sie sollen dem Leser die Möglichkeit geben, ein realistisches Bild von der Tätigkeit eines Staatsanwaltes zu gewinnen. Ein Bild, das mit dem medial in Gerichtsshows vermittelten Dasein des Staatsanwalts überhaupt nichts zu tun hat.

Das Buch vermittelt zugleich in kleineren und größeren Fallerzählungen einen Ausschnitt der »ganz normalen« Großstadtkriminalität, die in dieser Zeit auf mich einstürmte.

Am ausführlichsten erfolgt dabei die Schilderung eines Raubüberfalls auf einen Tante-Emma-Laden, der nach langwierigen Ermittlungen schließlich auf meinem Schreibtisch landete. Daran lässt sich der Gang eines Strafverfahrens von der Tat bis zum Urteilsspruch mit allen Höhen und Tiefen, Ermittlungspannen und Fehleinschätzungen plastisch nachvollziehen. Und er gewährt einen kleinen Eindruck davon, was es eigentlich heißt, wenn in einer Tageszeitung auf Seite 17 kleingedruckt steht:

ÜBERFALL. Vier maskierte Männer haben am Donnerstag ein kleines Geschäft in Berlin-Friedrichshain überfallen. Sie drangen kurz nach Ladenschluss in die Verkaufsräume ein und bedrohten die beiden Inhaber mit einer Pistole. Nach einem Handgemenge raubten sie das Geld aus der Kasse und flüchteten.

Ein fast perfekter Raub

Sie hatten sich den kleinen Laden gut ausgesucht. Er lag in einer eher ruhigen Berliner Wohngegend an einem Platz, von dem fünf Straßen abgingen. Um den Platz herum ein Gewirr von kreuzenden Straßen. Außerdem befand sich der Bahnhof Warschauer Straße kaum fünfhundert Meter entfernt. Dort fuhren mehrere S- und U-Bahnen.

Den Laden, der kleinere Artikel des täglichen Bedarfs anbot, hatten sie vorher ausspioniert. Einer hatte eine Schachtel Zigaretten gekauft und mit einem Hunderter bezahlt. Später erzählte er, dass er in der Kasse viele Scheine, auch Hunderter, gesehen habe. Die Betreiber des Geschäfts, eine Frau und ein Mann, schätzten sie auf über fünfzig Jahre. Offensichtlich brachten sie die Einnahmen nicht täglich zu einer Bank oder Sparkasse. Der Laden schloss gegen 18 Uhr, der Mann befestigte dann Stahlgitter vor den Fenstern und ließ die (gut gesicherten) Rollläden runter. Wenig später verließen er und die Frau den Laden durch eine seitliche Tür, die zum Hausflur des mehrstöckigen Hauses führte.

Sinan H. verzog das Gesicht und schnipste die Zigarette weg. Es war jetzt kurz vor 18 Uhr und sie waren bereit. Zu viert würden sie mit den alten Leuten kein Problem haben. Sie hatten ihre Masken, zwei Pistolenattrappen und Klebeband zum Fesseln dabei. Die Fluchtwege waren festgelegt.

Er war nervös und schaute sich um. Nichts durfte schiefgehen. Noch mal würde er sich nicht schnappen lassen. Nicht nachdem er wegen des Bankraubes in Leipzig zu dreieinhalb Jahren Freiheitsstrafe verurteilt worden war. Aber er hatte ein gutes Gefühl, die Strategie war stimmig und das Team aufeinander eingespielt. Sie hatten sich auf kleinere Geschäfte spezialisiert, die über keine oder nur geringe Sicherheitsvorkehrungen verfügten. Um an einträgliche Summen zu gelangen, waren zwar mehr Überfälle nötig – in den letzten fünf Wochen waren es drei Geschäfte gewesen –, doch hatten sie es hier viel einfacher als in Banken, zumal es mittlerweile auch dort schwierig war, an größere Geldsummen zu gelangen. Von explodierenden Farbpatronen zwischen den Geldscheinen und ähnlichen Enttäuschungen ganz abgesehen. Sie agierten nur in Berlin und den neuen Bundesländern und dort ständig in anderen Städten.

Es war jetzt 18 Uhr. Der Mann erschien am Ladenfenster und ein klapperndes Geräusch ertönte. Sinan gab das Zeichen.

Werner L. ließ die Rollläden herunter und befestigte sie unten in der Verankerung. Erika L. hatte die Kasse bereits abgeschlossen und zog sich ihren Mantel an. Sie hatte wie ihr Mann in dem nahe gelegenen Werk für Fernsehelektronik gearbeitet und wie er kurz nach der Wiedervereinigung ihre Arbeit verloren. Die dort hergestellten Fernsehgeräte waren nicht wettbewerbsfähig und die Produktionsstätte veraltet, sodass sich auch kein Investor fand. Sie war stolz darauf, sich mit ihrem Mann diese neue, bescheidene Existenz aufgebaut zu haben. Die Anfangszeit war hart gewesen, sie hatten sich sehr einschränken müssen. Mittlerweile lief der Laden jedoch ganz ordentlich. An Urlaub war natürlich nicht zu denken und Werner hatte ihr einmal ausgerechnet, dass sie genauso viel Geld zur Verfügung hätten, wenn sie zu Hause bleiben und Arbeitslosengeld beziehen würden. Doch das war nichts für Erika, und Werner wollte eigentlich auch nicht zu Hause herumsitzen und warten. Worauf auch? Beim Arbeitsamt hatte man ihnen gesagt, dass es ihren erlernten Beruf so gar nicht mehr geben würde. Außerdem seien sie aufgrund ihres Alters nur schwer vermittelbar. Schließlich kamen sie auf die Idee mit dem Laden. Erika verliebte sich schnell in den Beruf hinter der Ladentheke. Dank ihrer aufgeschlossenen Art bekam sie rasch Kontakt zu den Leuten in ihrem Kiez. Für einen kurzen Plausch war immer Zeit. Dafür war ein Tante-Emma-Laden ja schließlich da. Werner kümmerte sich nebenbei um den Warenankauf und die Buchführung.

Es war nicht so einfach, nach der Wende zurechtzukommen. Doch sie hatten einen Platz gefunden und verdienten ihr eigenes Geld. Das machte sie glücklich und auch ein wenig stolz.

Werner L. ging durch den kleinen Flur der umgebauten Wohnung zu seiner Frau und öffnete die Tür zum Hausflur.

Sinan H. stand mit seinen drei Komplizen an der Tür zum Seitenausgang, als diese sich öffnete. Sie hatten ihre Masken auf, die sie aus Ärmeln und Hosenbeinen gebastelt hatten, zwei hielten Pistolenattrappen in der Hand. Schnell drückten sie die Tür weiter auf und schoben die verdutzten Ladenbesitzer mit vorgehaltener Waffe ins Ladeninnere. »Auf den Boden, Überfall!« Wie abgesprochen, kümmerten sich die Angreifer mit den Pistolenattrappen um den Mann, während die anderen beiden die Frau festhielten. Der

Mann war sichtlich erschrocken und versuchte die Männer abzuschütteln. »Verschwindet hier! Hilfe!«, brüllte er. Sie schlugen mit den Rückseiten der Pistolenattrappen zu. Der Mann blutete jetzt stark aus einer Platzwunde am Kopf, zwei Zähne flogen ihm aus dem Mund. Die Sache geriet langsam außer Kontrolle. Der Ladenbesitzer war mit seinen mehr als 90 Kilogramm deutlich schwerer als seine Angreifer, und er wehrte sich in panischer Angst. Das Gerangel in dem engen Eingangsflur des Ladens wurde immer heftiger.

Erika L. schlug das Herz bis zum Hals. Die maskierten Angreifer wirkten furchteinflößend. Sie hielten sie fest und versuchten sie nach unten zu drücken. Sie hörte Werner schreien. Als sie zu ihm hinüberschaute, sah sie seinen blutüberströmten Kopf und dass die anderen beiden weiter auf ihn einschlugen. In dem Moment bekam sie einen Fausthieb ins Gesicht. Ihre schöne neue Brille, auf die sie Monate gespart hatte, zersplitterte und fiel zu Boden. Blut lief ihr ins rechte Auge, sie konnte nur noch auf der linken Seite etwas sehen. Sie wusste, dass sie kämpfen musste. Kämpfen, um in den Hausflur zu gelangen. Dort war Hoffnung und Licht, im Laden nur Gewalt und dunkle Masken. Mit einer schnellen Bewegung schmiss sie sich gegen einen der beiden Angreifer und versuchte zu entkommen. Sie schaffte zwei bis drei Meter, die ihr Mut gaben, zerrte und riss weiter. Plötzlich war sie im Hausflur und hörte sich lauthals nach Hilfe schreien. Die Angreifer schlugen weiter auf sie ein und versuchten sie zurück in den Laden zu ziehen. Der eine stolperte dabei und fiel hin. Irgendwie wirkte das Zerren und Schlagen jetzt halbherzig. Sie schauten immer wieder zur Ladentür und brüllten etwas in einer fremden Sprache. Vielleicht konnte sie die Haustür erreichen.

Die beiden Täter im Laden schwitzten mittlerweile stark und konnten kaum durch die Masken schauen, da diese ständig verrutschten. Endlich gelang es ihnen, den Ladenbesitzer zu Fall zu bringen, sodass einer die Kasse aufbrechen und das Geld hastig in eine Tüte packen konnte. Jetzt begann die Frau im Hausflur zu schreien. Sie wandten sich zur Flucht und mussten an dem Ladenbesitzer vorbei, der sich schon wieder aufgerichtet hatte. Es war wie verflucht. Entnervt warf einer seine Pistolenattrappe nach ihm. Werner L. griff nach dem Mann und bekam seine Maske zu fassen. Aber der riss sich los, lief seinen Komplizen hinterher. Er stolperte, weil die Maske verrutschte und er nichts mehr sehen konnte. Hastig riss er sie sich vom Kopf, warf sie weg und lief an der schreienden Frau vorbei, die jetzt auf der Straße stand. Im Hausflur blieben zwei Masken liegen.

Peter K. war gerade auf dem Weg zu seiner Spätschicht, als er die Frau auf der anderen Straßenseite schreien hörte. Er sah, wie ein Mann wegrannte, sich dabei eine Maske vom Kopf riss und in den Rucksack steckte. Zwei Sekunden später befand sich Peter K. bereits auf der Verfolgungsjagd. Der Mann lief jedoch sehr schnell und hatte ungefähr hundert Meter Vorsprung. Er warf seinen Rucksack weg, der ihn wohl behinderte, bog an der nächsten Ecke ab und verschwand aus dem Sichtfeld. Als Peter K. die Kreuzung erreichte, war niemand mehr zu sehen. Er drehte sich um und ging zu dem Rucksack zurück. Vorsichtig hob er ihn mit einem Taschentuch auf und lief zum Tatort zurück. Als er dort ankam, sah er, wie der Ladenbesitzer gerade versuchte, seiner Frau hochzuhelfen. Er kannte beide flüchtig, da er ab und zu in dem Laden einkaufte. Die Frau war zusammengebrochen, die rechte Gesichtshälfte blutig und ganz dick.

Sie wimmerte. Das Gesicht des Mannes war fast nicht zu erkennen, der Mund stark angeschwollen, an der Stirn klaffte eine Wunde. Überall war Blut. An den Augen konnte er jedoch erkennen, dass auch der Mann weinte. Aus der Ferne waren Polizeisirenen zu hören.

Die Abordnung

Einige Jahre später.

Jetzt war es also doch passiert. Ungläubig las ich das Schreiben nochmals durch. Da stand es schwarz auf weiß: »Abordnung zur Staatsanwaltschaft Berlin – Melden Sie sich am 15. Dezember um 9:00 Uhr in der Personalabteilung der Staatsanwaltschaft in der Turmstraße 91 – Sie tragen ab diesem Zeitpunkt die Dienstbezeichnung Staatsanwalt.« Das war schon in zehn Tagen!

Ich hatte mich erst mit fünfundzwanzig Jahren (nach einer Ausbildung zum Bankkaufmann und Tätigkeit als Immobilienmakler) entschieden, Jura zu studieren. Kurz vor meinem 30. Geburtstag legte ich das erste Staatsexamen ab und begann drei Monate später mit dem Referendariat, das zwei Jahre dauerte. Nach dessen Abschluss, also dem zweiten Staatsexamen, begann ich in einer internationalen Großkanzlei zu arbeiten. Gleichzeitig hatte ich mich jedoch auch bei der Senatsverwaltung für Justiz für das Richteramt beworben. Die Senatsverwaltung legte meine Bewerbung dem Richterwahlausschuss vor, und es klappte. Wenig später hatte ich meine Ernennungsurkunde als Richter in der Hand. Die Ernennung bedeutete zunächst eine Probezeit von rund drei Jahren, in der verschiedene Stationen zu absolvieren waren, regelmäßig Beurteilungen erfolgten und, im schlimmsten Fall, auch eine Entlassung drohen konnte.

Als ich das Abordnungsschreiben zur Staatsanwaltschaft erhielt, waren bereits zweieinviertel Jahre meiner Probezeit verstrichen. Ich hatte die Zeit in verschiedenen Amtsgerichten zugebracht. Zunächst war ich dafür zuständig, psychisch Kranken Betreuer zuzuordnen, später für allgemeine zivilrechtliche Streitigkeiten, Verkehrsordnungswidrigkeiten und so weiter. Als Amtsrichter bearbeitete ich meine Fälle völlig selbstständig. Wenn ich Fragen hatte, konnte ich meine Kollegen aufsuchen, die sich immer Zeit für eine Antwort nahmen. Einmal hatte ich sogar einen Kollegen, der über ein »Zauberregal« verfügte. Das lief dann so ab: Ich schilderte ihm einen Fall (über dem ich schon eineinhalb Stunden in der Bibliothek mit Gesetzeskommentaren und Urteilen verschiedener Gerichte gebrütet hatte). Der Kollege sagte knapp: »Ja, ich weiß schon.« Dann holte er die Kopie einer Entscheidung oder Kommentarstelle aus einem der zahlreichen Aktenordner des »Zauberregals«. Er erklärte mir kurz die Lösung und gab mir die Kopie mit, die immer genau auf mein Problem zutraf. Dauer des Gesprächs: zwei Minuten. Man kann sich sicher vorstellen, wie schwer es mir fiel, ihn mit einem Problem mal nicht zu belästigen und stattdessen stundenlang in der Bibliothek zu suchen. Zumal der Mann jeden Tag von früh bis spät im Gericht war und stets freundlich auf Fragen reagierte. Da vor Ort aber mehrere Proberichter tätig waren, musste ich mich zügeln. Manchmal gab es in seinem Zimmer sogar einen kleinen Stau. Man wartete dann geduldig die Frage des Vordermanns ab (und lernte gleich etwas für den potenziellen nächsten Fall).

Mit dieser Tätigkeit am Amtsgericht war ich sehr zufrieden. Ich genoss die Freiheit, meine Entscheidungen selbstständig zu treffen und mir die Arbeitszeit einteilen zu können. Einer Abordnung zur Staatsanwaltschaft stand ich daher eher ablehnend gegenüber. Es konnte eigentlich nur schlechter werden, oder? Dort war man in eine streng hierarchische Behördenstruktur eingebunden und hatte eine Unmenge von Dienstanweisungen, Richtlinien und Ähnlichem zu beachten. Hinzu kam, dass es bedrohliche Gerüchte über Proberichter gab, die mit der Fülle der zu bearbeitenden Akten nicht klarkamen, obwohl sie von früh bis spätabends arbeiteten. Über Proberichter mit Weinkrämpfen und diabolische Oberstaatsanwälte, die diese quälten (ich muss allerdings hinzufügen, dass die Gerüchte meist von Kollegen kamen, die selbst noch gar nicht bei der Staatsanwaltschaft gewesen waren).

Ich hatte den Abordnungsbrief gerade weggelegt, als mich auch schon ein Kollege, gleichfalls Proberichter, in meinem Zimmer aufsuchte. Ihn hatte dasselbe Schicksal ereilt. Gemeinsam ergingen wir uns noch eine Viertelstunde in düsteren Vorahnungen, wie es denn bei der Staatsanwaltschaft Berlin werden würde (Riesensauerei so kurz vor Weihnachten, wir kommen da nie wieder weg usw.).

Die anstehende staatsanwaltschaftliche Tätigkeit machte auch in meinem Freundeskreis die Runde. Eine Freundin kam begeistert auf mich zu und meinte, ich müsse ja ein richtiger Fuchs sein. Ein cleverer und mit allen Wassern gewaschener Ermittler oder so. Bei vielen hatte ich aber den Eindruck, dass sie irgendwie wortkarg wurden und meinem Blick auswichen. Das kam mir jetzt wiederum verdächtig vor. Hatten sie etwas zu verbergen? Erschrocken fragte ich mich gleich darauf, ob Staatsanwälte einsame Menschen sind. Die letzten Tage vor dem Abordnungstermin verbrachte ich mit leichtem Bauchgrummeln.

Der Tag danach

Für Erika und Werner L. wurde es nach dem Überfall noch eine lange Nacht. Zuerst brachte man sie mit einem Rettungswagen in das nächste Krankenhaus. Glücklicherweise waren die Verletzungen weniger schlimm, als sie befürchtet hatten. Erika L. hatte von der zerstörten Brille Schnittwunden rund um das Auge erlitten. Das Auge selbst war jedoch, wie durch ein Wunder, nicht durch Glassplitter verletzt worden. Werner L. hatte an der Stirn eine Platzwunde, die stark geblutet hatte. Die meisten Schmerzen verspürte er jedoch im Mund. Zwei Zähne waren abgebrochen, die Splitter steckten im Zahnfleisch.

Als sie wieder zum Laden kamen und die Morgendämmerung bereits einsetzte, waren die Beamten von der Spurensicherung schon an der Arbeit. Polizisten des Raubdezernats nahmen ihre Aussagen auf. Aufschlussreiche Einzelheiten konnten die beiden leider nicht berichten. Zwar hatten zwei der Täter im Hausflur ihre Masken zurückgelassen, doch konnten sie sich nicht an Gesichter erinnern. Erika und Werner L. versuchten den Überfall in Gedanken noch einmal ablaufen zu lassen. Es tauchten jedoch keine Gesichtszüge, sondern immer nur die schwarzen Masken auf. Begleitet von Beklemmung und Schrecken. Der Laden war auch ein Stück Zuhause gewesen, und jetzt fühlten sie sich wehrlos und ausgeliefert.

Die Polizisten von der Spurensicherung fanden keine Fingerabdrücke. Die Täter hatten Handschuhe getragen. Sie meinten aber, dass vielleicht mit den drei Masken (den beiden aus dem Flur und der aus dem Rucksack) etwas anzufangen sei.

Am nächsten Tag um 18 Uhr, vierundzwanzig Stunden nach dem Überfall, war dann alles vorbei. Die Polizei rückte ab und bat sie um eine nochmalige ausführliche Vernehmung in zwei Tagen. In der Kasse fehlten 1500 Euro (etwa die Einnahmen einer Woche). Diesbezüglich hatten sie jedoch Zahlungen von einer Versicherung zu erwarten. Das teure Brillengestell ließ sich leider nicht mehr reparieren, worüber Erika sich sehr ärgerte. Werner meinte, dass sie am nächsten Tag den Laden eigentlich wieder aufmachen könnten. Das Reden tat ihm sichtlich weh. Sie einigten sich darauf, noch zwei Tage damit zu warten.

Zu Hause warfen sie sich hundemüde auf die Couch vor dem Fernseher. Sie saßen viel enger zusammen als sonst und hatten keine Lust auf Krimi.

Staatsanwalt in Moabit

Am 15. Dezember schien die Sonne aus einem strahlend blauen Himmel herab. Das Wetter entsprach so gar nicht meiner Gemütslage. Ein trübes und graues Licht, bei dem man einen Elefantenbullen in hundert Metern Entfernung leicht übersehen kann, hätte besser gepasst. Aber auch die Passanten um mich herum, die mit mir vom U-Bahnhof Turmstraße in Richtung Kriminalgericht gingen, wirkten nicht fröhlich beschwingt. Wenn da mal nicht der eine oder andere Angeklagte dabei war. Kurz darauf erreichten wir das Kriminalgericht Moabit. König Friedrich Wilhelm I. hatte 1717 in der Gegend Hugenotten angesiedelt, die Maulbeerplantagen betreiben und Seidenraupen züchten sollten. Sie nannten das Gebiet in Anlehnung an das Alte Testament »Moabiter Land«. Die Gebietsbezeichnung überdauerte die Eingemeindung nach Berlin (1861), die Eingliederung in den Stadtbezirk Tiergarten sowie die jüngste Zusammenlegung zum Bezirk Berlin-Mitte. Mit Moabit verbindet man vor allem das Kriminalgericht und die angeschlossene Justizvollzugsanstalt. Wenn jemand sagt, der oder der befinde sich gerade in Moabit, ist damit in der Regel ein Aufenthalt in der Justizvollzugsanstalt (nicht als Angestellter oder zu Besuch) gemeint.

Allein die Straßenfront des Kriminalgerichts zur Turmstraße hat die Länge eines kleinen Straßenzugs. Während ich in Richtung Hauptportal an dem Gebäude mit den sechzig Meter hohen Türmen entlangging, sah ich zu den Fenstern hoch, ob vielleicht irgendwo jemand nach dem neuen Staatsanwalt Ausschau hielt. Das war jedoch ziemlich unwahrscheinlich. Die Staatsanwaltschaft Berlin, die zum großen Teil in dem Gebäude des Kriminalgerichts sitzt, ist die größte in Europa. Ihr gehören ungefähr dreihundertdreißig Staatsanwälte an. Anders ausgedrückt: Man stelle sich alle Staatsanwälte des Bundeslandes Hessen in einem Gebäude vor, dazu die vielen Strafrichter und weiteren Bediensteten, insgesamt etwa fünfzehnhundert Menschen. Aus den Fenstern blickte niemand heraus. Nur die großen von Bendorff geschaffenen Skulpturen »Gesetz« (mit einem dicken Gesetzbuch) und »Macht« (bärtig, mit einem großen Schwert) schauten mich von der Fassade über dem Hauptportal Ehrfurcht gebietend an. Wie magisch sehen sie dem Passanten direkt in die Augen und zwingen die Blicke all jener nieder, die kurz vor dem Betreten des Haupteingangs noch ein letztes Stoßgebet Richtung Himmel schicken wollen.

Als das Kriminalgericht nach vierjähriger Bauzeit 1906 eröffnet wurde, war es die Attraktion in Berlin. Dies galt in vielerlei Hinsicht. Architektonisch war es eine Meisterleistung der Architekten Rudolf Mönnich und Carl Vohl aus der preußischen Bauverwaltung. Der monumentale Bau gilt als Wahrzeichen des Wilhelminismus und wurde schon damals als »kaiserlicher Faustschlag ins Gesicht der Moabiter Arbeiterklasse« kritisiert. Er war der erste Stahlbetonbau auf dem europäischen Festland und das erste elektrisch erleuchtete Gebäude Berlins. Ein eigenes Kraftwerk erzeugte die benötigte Energie, und die Wasserversorgung wurde durch einen hundertzwanzig Kubikmeter fassenden Wasserbehälter in einem achtundvierzig Meter hohen Kuppelbau sichergestellt. Der Gebäudekomplex zieht sich zweihundertzehn Meter in die Länge und ungefähr neunzig Meter in die Tiefe. Die Baukosten beliefen sich auf die damals unglaubliche Summe von 8 597 900 Reichsmark (immerhin ein gutes Drittel der Baukosten des Reichstages).

Nachdem ich die Schleuse im Eingangsbereich passiert hatte, stand ich in der gigantischen Mittelhalle des Kriminalgerichts. Sie ist mit neunundzwanzig Metern immerhin drei Meter höher als das Brandenburger Tor und siebenundzwanzig Meter breit. Auf zwölf gewaltigen Pfeilern ruhen die Gewölbe des Mittelteils und der Seitenschiffe. Der Bauleiter und königliche Baurat Carl Vohl beschrieb 1908 die Mittelhalle als den »vornehmsten Bau des Gebäudes«. Die Umgänge sind mit Skulpturen verziert, welche die »Religion«, »Gerechtigkeit«, »Streitsucht«, »Friedfertigkeit«, »Lüge« und »Wahrheit« symbolisieren. Die »Lüge« zischt mit vorgehaltener Hand und Fuchskopf zur »Streitsucht« hinüber, aus deren Kopf kiefersperrende Schlangen wachsen.

Staunend und ganz klein tappte ich in die Halle mit den vielen Gängen und überlegte, wie ich das Personalbüro, Zimmer 424, finden könnte. Es dauerte zwanzig Minuten, weil ich mich schämte, immer wieder Passanten nach dem Weg zu fragen, und stattdessen auf Lageskizzen an den Wänden zurückgriff. Im Grunde kann man das Problem so beschreiben: Das Kriminalgericht hat drei bzw. vier (was den Saalbau betrifft) Etagen, die über siebzehn teilweise versteckte Treppen bzw. Treppenhäuser zu erreichen sind. Drei

Längsgänge, die man sich merken muss, führen wie Hauptschlagadern von Ost nach West. Allerdings durchkreuzen fünf bis sechs Quergänge jede Etage. Und am Übergang zum Saalbau gibt es Zwischenetagen. Auch die Raumnummerierungen helfen nicht wirklich weiter, da die erste Ziffer keinen Hinweis auf die Etage enthält. Geht man beispielsweise in der Mittelhalle in den zweiten Stock, so findet man linker Hand nicht etwa Raum 221, sondern 521. Folgt man dem Gang, etwa um Raum 530 zu suchen, so stellt man fest, dass an Raum 529 die 545 anschließt. Jetzt darf man nicht verharren und auf eine Eingebung hoffen, wo das »verschwundene Zimmer« sein könnte. Richtig ist, bis 526 zurückzugehen und dort in einen Seitengang zu biegen, wo nach zehn Metern eine Tür mit der Nummer 530 kommt.

Bereits bei der Eröffnung des Kriminalgerichts schrieb die ›Norddeutsche Allgemeine Zeitung‹ im April 1906 fassungslos: »Um sich in dem Labyrinth von Korridoren, Treppen und Seitengängen zurechtzufinden, wird es eines längeren Studiums bedürfen.« Um die Verwirrung perfekt zu machen, baute man in der Folgezeit fleißig an. So entstand Ende der fünfziger Jahre der erste Erweiterungsbau (C-Bau) und 1962 der zweite (D-Bau). Ende der sechziger Jahre wurde an der Rückseite des Altbaus ein dritter Erweiterungsbau fertiggestellt, 1980 der vierte (E-Bau), und 1991 konnte schließlich der fünfte Erweiterungsbau (B-Bau) eingeweiht werden.

So war es also 9.20 Uhr (zwanzig Minuten Verspätung), als ich die Tür zum Personalbüro öffnete.

Zwei Damen begrüßten mich freundlich und baten mich, Platz zu nehmen. Sie stellten zwei dicke Aktenordner auf den Tisch und wiesen mich darauf hin, dass zunächst diese allgemeinen Dienstanweisungen durchzulesen und jede einzelne durch Unterschrift zu quittieren sei. Schon nach den ersten Seiten merkte ich, dass es sich teilweise um sehr alte Vorgaben zu Verhalten bei Feueralarm etc. handelte und ich ungefähr einen Tag brauchen würde, um dies alles genau durchzulesen. Ich versuchte mich deshalb überblicksartig durchzukämpfen und erklärte nach eineinhalb Stunden, dass ich fertig sei. Später hörte ich, es gebe eine Dienstanweisung, wonach Alkohol »nur in Maßen« erlaubt sei. Gesehen habe ich sie aber nicht.

Die Damen beschrieben mir, welches Zimmer für mich vorgesehen war, und nannten mir die Raumnummer des für mich zuständigen Oberstaatsanwalts, bei dem ich mich gleich melden sollte.

Jede Abteilung bestand aus etwa sechs bis acht Staatsanwälten, hatte einen Gruppenleiter und einen Oberstaatsanwalt als Abteilungsleiter. Meist waren sechs Abteilungen unter der Führung eines Hauptabteilungsleiters zusammengefasst, der wiederum dem Behördenleiter unterstand. Da die Staatsanwaltschaft Berlin so groß ist, trug er zu meiner Zeit sogar die Bezeichnung Generalstaatsanwalt. Den einzelnen Abteilungen waren unterschiedliche Aufgaben zugewiesen. Für Delikte wie Brandstiftung, organisierte Kriminalität, Jugendkriminalität, Drogen, Sexualdelikte, Staatsschutz, Tötungsdelikte oder Ähnliches waren Spezialabteilungen zuständig. Alle anderen Fälle kamen in die sogenannten Buchstabenabteilungen. Solch einer wurde ich zugeteilt. Meine Abteilung war für die Buchstaben Ce bis Do zuständig. Hieß der in Berlin wohnhafte Beschuldigte also Dorn und waren ihm keine Spezialdelikte, sondern

»nur« allgemeine Straftaten vorzuwerfen, landete sein Fall in unserer Abteilung.

In der rekordverdächtigen Zeit von zehn Minuten hatte ich die Tür meines Oberstaatsanwaltes gefunden. Oberstaatsanwalt Berndt bat mich freundlich herein. Er stand ein Jahr vor seiner Pensionierung, war etwas beleibt und schaute mich über den Rand seiner Brille, die ihm weit auf die Nase gerutscht war, mit einem verschmitzten Lächeln an. »Da sind Se ja. Hamse Ihre Kollegen und Ihr Zimma schon jesehen?«, fragte er mit starkem Berliner Akzent. Das anhaltende und irgendwie listig wirkende Lächeln irritierte mich etwas, ebenso die große Tüte voller Überraschungseier (ohne Schokolade), die auf seinem Tisch stand. Später hatte ich ausreichend Gelegenheit herauszufinden, dass der Oberstaatsanwalt ein sehr umgänglicher und gutmütiger Typ war, der seine gestressten Mitarbeiter äußerst fair führte und keine Zankereien aufkommen ließ. Keiner seiner Staatsanwälte wollte freiwillig in eine andere Abteilung wechseln (und die Überraschungseier sammelte er für seinen Enkel). Nachdem er mich den Mitarbeitern der Geschäftsstelle vorgestellt hatte, gingen wir in die Zimmer der anderen Staatsanwälte der Abteilung. Alle boten mir sofort das Du an, was ich sehr nett fand. Da waren Steffen und Jörg, Gerlinde (mit Adelstitel), Mona, Anna (auch eine abgeordnete Proberichterin) und Jens (unser Gruppenleiter). Ich kam mit Anna in ein Zimmer, das vielleicht fünfzehn bis sechzehn Quadratmeter groß war.

Man stellt sich die Arbeit des Staatsanwalts, geprägt durch Film und Fernsehen, vielleicht so vor: Der Staatsanwalt sitzt in einem geräumigen Büro an einem großen, glänzend polierten Holztisch. Im Zimmer befindet sich nur eine Akte, die fein säuberlich vor ihm auf dem Tisch liegt. Jetzt steht er auf und versucht mit seinem Golfschläger ein paar Bälle zu putten, während er über die Freisprechanlage mit einer Geschädigten telefoniert: »Seit einer Woche beschäftige ich mich ausschließlich mit Ihrem Fall. Ich halte es für taktisch klug, jetzt so und nicht anders vorzugehen. Morgen habe ich noch einmal eine Besprechung mit Kriminalkommissar XY zu diesem Punkt angesetzt. Wir reden dann noch mal ausführlicher darüber, wenn ich von der Tatortbesichtigung zurück bin.« Wenn der Leser solch ein Bild vor Augen hat, sollte er es in Gedanken zerreißen und in den Papierkorb werfen. Die Wirklichkeit im Kriminalgericht Moabit sieht doch etwas anders aus.

Ich weiß bis heute nicht, wann das Zimmer zuletzt renoviert worden war. Vielleicht vor dreißig Jahren. In der Mitte standen zwei alte zerkratzte Schreibtische aus Pressholz, hinter denen wir kaum Platz hatten. Es gab noch einen ähnlich prächtigen Garderobenschrank und einen kleinen Tisch, auf dem eine Kaffeemaschine stand, sowie einen kleinen Abstelltisch für die zu bearbeitenden Akten (den sogenannten Aktenbock). Eine Verbindungstür, die zum Glück nicht in unsere Richtung aufschwang, führte ins Nachbarzimmer. Dort saß Jens. Da die Tür meistens offen stand, war es vom Gefühl her nicht ganz so beengt. Die alte Heizung mit Rohren über Putz war in einem sehr dunklen Braunton gestrichen und nicht zu regulieren.

»So, denn können Se ja jleich anfangen. Se wissen ja, dit der Jens Ihr Jejenzeichna iss.« Herr Berndt wankte gemütlich Richtung Ausgang. Die nächsten sechs Monate bedurfte jede Verfügung, die ich (oder ein anderer Anfänger) veranlasste, der Zweitunterschrift eines erfahrenen Staatsanwalts. Ohne sein Okay ging nichts.

Eigentlich wollte ich mit Jens besprechen, wie ich anfangen sollte. Doch Anna erklärte, der sei in einer Strafverhandlung und komme erst am Nachmittag wieder. Ich könne mich ja schon mal an den ersten Akten versuchen.

Bei einer Ermittlungsakte gibt es grundsätzlich drei Möglichkeiten der weiteren Sachbehandlung. Entweder man klagt an (beziehungsweise beantragt einen Strafbefehl), stellt das Verfahren ein oder ordnet weitere Ermittlungen durch die Polizei an. Auf dem Aktenbock thronte ein gewaltiger Stapel, der zwar nicht den Alpen, aber doch einem gewaltigen Vorgebirge glich. Womit sollte ich da bloß beginnen? Schockiert erkundigte ich mich bei Anna, warum denn all die Akten über Tage dort liegengeblieben seien. Anna zuckte unschuldig die Schultern und erklärte, dies sei der normale Akteneingang eines Tages. Sie schaute mich an, wobei sich ihre Augen zu Schlitzen zusammenzogen, und sagte: »Morgen kommen bestimmt wieder genauso viele.« Fassungslos starrte ich auf das Gebirge. Anna lachte und hatte ihren Spaß: »Mach dir nichts draus. Das geht mir genauso. Ich bin schon ein Dreivierteljahr hier und habe auch solche Stapel. Ich komme morgens um acht und bleibe bis abends um acht. Trotzdem werde ich nicht richtig fertig. Wie die anderen das schaffen, ist mir ein Rätsel.«

Am späten Nachmittag konnte ich Jens meine Vorschläge für einen Teil der Akten präsentieren. Nicht einer passte. Hier fehlte das, da war es die falsche Verfügung, beim nächsten waren die Formalien nicht eingehalten und so weiter. Ich begann mir Musterverfügungen von Jens als Standards anzulegen und versuchte seine Anordnungen umzusetzen. Um 21 Uhr schlich ich durch die nun dunkle und menschenleere Mittelhalle zum Ausgang. Ich war völlig fertig von meinem ersten Arbeitstag. Nicht eine Ermittlungsakte von mir hatte es – mit Gegenzeichnung von Jens – zurück zur Geschäftsstelle geschafft. Das musste morgen anders werden, denn da war bereits der nächste Aktenstapel zu erwarten. Wenn ich nicht aufpasste, konnte sonst leicht ein Hochgebirge entstehen.

Sinans Sündenregister

Sinan H. fluchte leise. Der Überfall war völlig aus dem Ruder gelaufen. Eigentlich sollten sich die Ladenbesitzer, von der Pistolenattrappe eingeschüchtert, auf den Boden legen und mit Klebeband gefesselt werden. Dann hätten sie sich in Ruhe das Geld aus der Kasse und den Portmonees nehmen können. Bestimmt hätte er auch noch die PIN der EC-Karte des Pärchens in Erfahrung bringen können. Er hatte da schließlich so seine Methoden. Dass die Leute immer gleich so hysterisch werden mussten! Die beiden hatten sich von Anfang an gewehrt und geschrien, als würden sie die Bedrohung durch die Pistolen gar nicht registrieren.

Genau wie damals bei dem Banküberfall, als sie ihn erwischt hatten. Die beiden Frauen am Schalter reagierten überhaupt nicht auf Befehle, obwohl ihnen Pistolen vor den Kopf gehalten wurden. Die eine war zusammengesackt und zitterte am ganzen Körper. Die andere schrie die ganze Bank zusammen und rannte wie wild hin und her. Erst ein kräftiger Faustschlag ins Gesicht brachte sie zur Ruhe. Die beiden waren so wenig ansprechbar wie der völlig bleiche Filialleiter, der sogar in die Hose uriniert hatte. Was für ein Waschlappen! Irgendjemand musste jedoch die Polizei alarmiert haben. Vielleicht hatte jemand zu Beginn des Überfalls schnell einen geheimen Knopf gedrückt. Mit ihrer Beute schafften sie vielleicht noch hundert Meter. Dann war alles vorbei. Sie kamen in Untersuchungshaft. Es wurden Fingerabdrücke genommen und Fotos gemacht, Sinan musste in ein Behältnis spucken und wurde dem Untersuchungsrichter vorgeführt.

Nach vier Monaten begann der Prozess. Er hatte richtige Angst. Die Zeugen weinten und erzählten, wie schlimm alles gewesen sei. Eine der Angestellten konnte wohl wegen psychischer Probleme nicht mehr weiterarbeiten. Psychische Probleme? Hatte ihn mal jemand gefragt, was er in seiner Kindheit in Algerien hatte ausstehen müssen? Als man seinen Vater ohne Gerichtsprozess in ein Internierungslager in der südalgerischen Wüste steckte, aus dem er nie zurückkam. Wo er als ältestes von vier Geschwistern mit zehn Jahren irgendwie Geld verdienen musste, damit seine Familie nicht verhungerte? Am Ende war er mit der Freiheitsstrafe von dreieinhalb Jahren gar nicht unzufrieden. Zu Hause in Algerien hätten sie ihn länger eingesperrt. Es kam sogar noch besser. Keine zwei Jahre nach der Tat wurde er ins Flugzeug nach Algerien gesetzt. Warum das so war, verstand er nicht. Vielleicht zählten in Deutschland die Jahre im Gefängnis anders als draußen. Knapp vier Wochen später hatte er es mit gefälschten Papieren wieder nach Deutschland geschafft und war gleich wieder bei einem Raubüberfall in Chemnitz mit dabei. In den drei Monaten seitdem hatte er bereits ein ganz hübsches Sümmchen angespart. In Deutschland vielleicht nicht besonders viel Geld, in Algerien aber schon ein kleines Vermögen. Wenn er noch zwei oder drei Jahre weitermachte, konnte er sich in Algerien zur Ruhe setzen. Er wollte ein Haus kaufen und mit seinem Schwager eine kleine Kfz-Werkstatt aufmachen. In Algerien konnte man ohne Startkapital nichts werden. Ohne Geld war man ein Niemand. Ein kleines Stück vom Reichtum stand ihm jedenfalls zu.

Diesmal waren es leider nur 1500 Euro, die durch vier zu teilen waren. Egal, schon in wenigen Tagen stand die nächste Sache an.

Café Jura

Die Weihnachtsmusik ging mir auf die Nerven. Unweit meines Zimmers gab die gemeinsame Musikgruppe der Staatsanwaltschaft und Gerichte ihr alljährliches Konzert. Genau genommen war ich nicht genervt, sondern sauer, dass in meinem Dienstzimmer nichts an Besinnlichkeit und Beschaulichkeit erinnerte und ich mir das Weihnachtskonzert zeitlich eigentlich nicht leisten konnte. Ich entschied mich aber, doch kurz hinzugehen. Ich war jetzt eine Woche bei der Staatsanwaltschaft. Immerhin war das befürchtete Aktenhochgebirge bisher ausgeblieben. Einen Großteil der täglich hereinflutenden Akten konnte ich mit Gegenzeichnung von Jens wieder aus dem Zimmer hinausbefördern. Es gab allerdings einen größer werdenden Berg von Akten, bei denen Jens meinte, dass hier eine gründliche Prüfung angesagt sei, ob eine Anklage (oder eine endgültige Einstellung) möglich sei. Das müsse man mal »in Ruhe machen«. Ich hatte den Verdacht, dass er dabei die anstehenden freien Tage um Weihnachten und Silvester im Sinn hatte. Ich hasste diesen Stapel mit den »Bauchweh-Akten«. Viele davon waren »Gürteltiere«. So werden mehrbändige Akten bei der Justiz genannt, die mit Aktenriemen zusammengeschnürt sind. Es gelang mir mittlerweile, die einfachsten Standardverfügungen halbwegs richtig hinzubekommen. Das Schreiben von Anklagen und Strafbefehlen hatte ich schon während des Referendariats (vor dem zweiten Staatsexamen) gelernt. Von Jens hatte es bereits die eine oder andere Standpauke gegeben. Besonders schön war es, wenn er eine Verfügung von mir zerriss und vor meinen Augen im Papierkorb, genannt »Rundordner«, verschwinden ließ. Total aufbauend.

Insgesamt war es eine ganz schöne Umstellung, nach zweieinviertel Jahren selbstständiger Tätigkeit nun nichts mehr allein entscheiden zu können. Auch sonst gab es eine Menge Änderungen. Ich telefonierte jetzt öfter mit der Polizei. Ein Kriminalkommissar brauchte dringend einen richterlichen Beschluss per Fax. Also verfügte ich, die Geschäftsstelle solle den Beschluss an die Polizeidienststelle faxen. Kurz nachdem die Akte in der Geschäftsstelle eingetroffen war, stand die dort residierende Frau Henz entrüstet in der Tür. »Sie wollen ein Fax absenden? Das machen Sie mal schön selber, Raum Nummer so und so.« Wiehernd verschwand Frau Henz, während die Akte knallend auf meinem Tisch landete. Selbstverständlich wurde es eine längere Exkursion zu dem »Faxraum«. Unangenehm war, dass das Faxgerät offensichtlich viel zu tun hatte und die Absendung erst nach fünfzehn bis zwanzig Minuten stattfinden sollte. Ich könne meine Nummer dalassen und würde dann telefonisch über Erfolg oder Misserfolg unterrichtet. Klappe es nicht, müsse ich noch mal hingehen. Mit der Möglichkeit der Faxversendung ging ich in der Folgezeit sehr behutsam um.

Als Staatsanwalt hatte man morgens spätestens um 9 Uhr im Büro zu erscheinen. Wenn kurz nach neun das Assessorenzimmer (so wurde unser Zimmer von den Kollegen genannt, da Anna und ich noch in der Probezeit waren) aus irgendwelchen Gründen noch abgeschlossen war, gab es ein Problem. Die ersten Kollegen versuchten mit der Kaffeetasse in der Hand die Tür einzurammen. Es wurde laut, einsetzende Koffeinentzugserscheinungen machten sich bemerkbar. Um 9:00 Uhr hatte der Kaffee im Assessorenzimmer zu dampfen. Ungeschriebene Regel. Am dritten Tag meinte Anna, es müsse noch Wasser geholt werden. Ich schnappte mir die Kaffeekanne, doch Anna zeigte nur auf unseren Garderobenschrank. Darauf standen zwei große Kanister. »Füll mal die Kanister auf, damit wir nicht so oft gehen müssen. Der nächste Wasserhahn ist nämlich eine Etage tiefer.« Grinsend sah sie zu, wie sich das Dromedar in Bewegung setzte.

Wir hatten kein Problem damit, für die Kollegen Kaffee zu kochen. Schließlich nervten wir sie im Gegenzug mit unseren Fragen. Ein Deal. Zwischen 9 Uhr und 10:30 Uhr verwandelte sich unser Zimmer in ein Café Jura. Nachdem z.B. Jörg gegangen war (mit dem wir uns fünfzehn Minuten über ein lustiges Erlebnis aus seiner letzten Sitzung unterhalten hatten), kam Mona hereingeschossen: »Habt ihr gehört, was bei Richter XY los war?« Zwischendrin versuchte ich gnadenlos meine Fallfragen an die Frau oder den Mann zu bringen. Das wirkte sicher penetrant. Die Kollegen wussten aber über die notstandsähnliche Lage der Anfänger Bescheid und versuchten Rede und Antwort zu stehen.

Nach knapp einer Woche hatte ich einen Vorstellungstermin bei meinem Hauptabteilungsleiter Dr. Ring, Herr über sechs Abteilungen und rund vierzig bis fünfzig Staatsanwälte. Es zeigte sich, dass er bestens über den Zustand meines Dezernats Bescheid wusste. »Na, Sie haben ja hundertfünfundvierig offene Verfahren.« Mit offenen Verfahren bezeichnet man staatsanwaltschaftliche Ermittlungsakten, die noch keiner Abschlussverfügung (Anklage zum Strafgericht oder Einstellung des Verfahrens) zugeführt sind. Sie müssen im Hinblick darauf ausgewertet werden, womöglich stehen noch weitere Ermittlungen an. Offene Verfahren zu bearbeiten ist also der Hauptbereich der staatsanwaltschaftlichen Tätigkeit, doch zu viele offene Verfahren sind ein Problem. Irgendwann kann ein Staatsanwalt dann den hohen Aktenumlauf nicht mehr beherrschen und bewältigen. Es kommt zu Verzögerungen und Beschwerden von Polizei und Anzeigeerstattern (von den Beschuldigten weniger, es sei denn, sie sitzen in Untersuchungshaft). Hauptabteilungsleiter Dr. Ring erklärte mir, dass er die kritische Grenze bei etwa hundertfünfzig offenen Verfahren pro Staatsanwalt sehe. Er wisse, dass die Zahl bei Anfängern zunächst etwas höher sei. Sie müsse dann aber schnell wieder unter die 150er-Marke sinken. Alles andere seien seine »Problemkinder«. Bei mir sei das bestimmt nicht weiter schwierig, da ich den Kracht (Jens) als Gegenzeichner habe. »Der Mann hat ja ein Auge«, meinte Dr. Ring anerkennend. Ich versuchte mir die Augen von Jens in Erinnerung zu rufen. Dann machte es klick! und ich verstand, dass er so etwas wie Ermittlerinstinkt meinte.

Über die Rahmenbedingungen meines Handelns in Kenntnis gesetzt, ging ich entschlossen in mein Zimmer zurück. Ich sagte diesen offenen Verfahren den Kampf an und dachte dabei insbesondere an den »Bauchwehstapel«. Eine Weihnachtsbescherung ganz eigener Art. Ich würde nicht in den Problemkindergarten von Dr. Ring kommen! Ich hatte auch nicht den Eindruck, dass dort Kuscheln angesagt war.

Das Ende des kleinen Ladens

Der Überfall lag jetzt sechs Monate zurück. Erika und Werner L. hatten den kleinen Laden schweren Herzens geschlossen. Nach all den Jahren war es, als würden sie ein Teil von sich, einen Familienangehörigen, beerdigen. Finanziell wäre es kein Problem gewesen. Der Laden lief, mehr schlecht als recht, genauso wie vor dem Überfall. Sogar die 1500 Euro hatten sie von der Versicherung erstattet bekommen. Das Problem lag bei Erika. Sie konnte keine Kunden mehr bedienen und allein war es für Werner nicht zu schaffen. Immer, wenn die Ladentür aufging, bekam Erika es mit der Angst zu tun. Für einen kurzen Augenblick dachte sie, es wolle sie wieder jemand überfallen. Besonders bei Leuten, die sie nicht kannte, fühlte Erika sich wie erstarrt. Sie ertappte sich häufig bei dem Gedanken, ob es womöglich einer der Täter sei, der sie jetzt erneut ausspionieren wolle. Erika konnte sich einfach zu keiner Freundlichkeit gegenüber Kunden durchringen. Sie hatte keinen Spaß mehr an der Arbeit, sondern litt nur noch unter dem Kundenkontakt. Jede Nacht wachte sie mehrmals auf, von Albträumen geplagt und schweißgebadet. In ihren Träumen war sie von den Männern mit den Masken umringt. Dann musste sie wieder kämpfen. Immer nur die Masken. Nie konnte sie ein Gesicht erkennen. Sie fragte sich, ob das jemals aufhören würde. Die Gespräche mit der

Psychologin, die ihr die Polizei vermittelt hatte, hatten ihr bisher nicht geholfen.

Werner saß jetzt ohne Arbeit zu Hause. Er hatte überraschend eine Stelle bei einem Wachschutzunternehmen (im Wesentlichen Pförtnerarbeit) gefunden, konnte sich jedoch in seinem Alter nicht mehr an die Nachtarbeit gewöhnen. Wegen extremer Schlafprobleme musste er den Job wieder aufgeben.

Erika arbeitete nun als Aushilfe in einem Imbiss. Sie machte Pommes frites, belegte Brötchen mit Wurst und Käse. Kunden bedienen konnte sie nicht, selbst wenn es an dem Stand mal hektisch wurde. Die Imbissbesitzer wussten aber Bescheid und respektierten das. Es waren nette Leute. Das hier verdiente Geld reichte nicht für den Lebensunterhalt, Erika und Werner L. waren auf ergänzende Sozialhilfe angewiesen.

Von der Kriminalpolizei hatten sie die Mitteilung erhalten, dass es derzeit keine weiteren Ermittlungsansätze gebe. Vor allem hätten die Überprüfung der Pistolen und der Masken keine verwertbaren Spuren ergeben. Beim Auftauchen neuer Ermittlungsmöglichkeiten würde man sich melden. Erika und Werner L. konnten sich ungefähr vorstellen, was das bedeutete. Bei dem Gedanken an die nicht gefassten Täter fühlten sie sich gedemütigt und irgendwie wie Freiwild. Insbesondere Erika behielt aber die Hoffnung auf künftige Ermittlungserfolge. Sie dachte, dass die Masken vielleicht aus ihren Träumen verschwinden würden, wenn sie den Tätern bei einem Gerichtsprozess einmal ins Gesicht schauen könnte.

Kampf mit den Asservaten

Prost Neujahr«, dachte ich, als ich am 3. Januar die Statistik meines Dezernats zu den offenen Verfahren bekam (jeder Staatsanwalt erhielt sie einmal im Monat). Ich hatte mich (auch über die Feiertage) wirklich bemüht, ein paar offene Verfahren aus dem Bauchwehstapel abzuschließen. Da waren sogar zwei richtig umfangreiche Gürteltiere dabei. Alles nur, um dann in der neuesten Statistik zu lesen, dass meine offenen Verfahren von hundertfünfundvierzig auf hunderteinundsechzig angestiegen waren. Ich drückte eine Träne weg. Weinen oder ein Schreikrampf kam in meiner Situation nicht in Betracht. Damit hätte ich mich endgültig als Problemkind zu erkennen gegeben. Aber wie konnte das sein? Ich drückte noch mal kräftig auf den Stapel mit den Bauchweh-Akten und ging dann zwei Schritte zurück. Doch! Der Stapel war eindeutig kleiner geworden. Vielleicht wenigstens ein bisschen?

Das Problem war, dass ich nicht nur mit offenen Verfahren zu kämpfen hatte. Die Staatsanwaltschaft ist zugleich die aktenführende Behörde. Das heißt, dass alle Akten nach rechtskräftigem Abschluss (gegebenenfalls nach Durchlaufen mehrerer gerichtlicher Instanzen) wieder in der staatsanwaltschaftlichen Abteilung landen, die den Fall angeklagt hat. Wegen möglicher Wiederaufnahmeverfahren müssen die Akten noch meist zehn oder zwanzig Jahre aufbewahrt werden. Sie landen ganz oben im Kriminalgericht Moabit, verteilt über siebenundzwanzig Dachböden, viele so groß wie Markthallen. Akten mit einem Gewicht von vielen hundert Tonnen drücken schwer auf das Kriminalgericht. Ich bekam zum Beispiel eine rechtskräftig abgeschlossene Akte, bestehend aus dreizehn Bänden (vielleicht zweitausendfünfhundert Seiten) mit einem Zettel der Asservatenstelle. Die fragte an, was denn nun mit einer bestimmten schwarzen Taschenlampe und der blauen Baseballmütze passieren solle. In vielen Ermittlungsverfahren werden irgendwann irgendwelche Gegenstände beschlagnahmt, sei es als Beweismittel oder um sie als Nebenstrafe vom Täter zugunsten der Staatskasse einzuziehen. Diese werden dann unter einer bestimmten Nummer in der Asservatenstelle eingelagert. Die befindet sich wiederum ganz unten im Sockelgeschoss des Kriminalgerichts, in nicht weniger als fünfundzwanzig Kellern und zwei Innenhöfen. Würde man also die im Kriminalgericht verhandelten Straftaten als Theaterstücke ansehen, wäre im Sockelgeschoss die Requisitensammlung. Ab und zu verirrt sich die Presse oder das Fernsehen dorthin. Dann zeigen die Mitarbeiter stolz die Tür, durch die Bubi Scholz im Vollrausch seine Frau erschossen hat, oder die Bimmelbahn, mit der Arno Funke alias Dagobert sein Erpressergeld abholen wollte.

Die schwarze Taschenlampe und die blaue Baseballmütze lagen also auch irgendwo hier unten. Die Frage war nur, was aus den Gegenständen werden sollte? Ich stellte sie Mona, die gerade im »Café Jura« weilte. Mona meinte, ich solle sie einfach dem Eigentümer oder gegebenenfalls dem letzten »Gewahrsamsinhaber«, wie es in den Richtlinien heißt, zurückgeben, und verschwand mit ihrer dampfenden Kaffeetasse. Nicht sonderlich beruhigt schaute ich auf die dreizehn Bände Akten in einem großen Karton, der meinen gesamten Tisch bedeckte. Anna sagte, ich müsse die Akten zunächst auf Protokolle von Personen- oder Wohnungsdurchsuchungen durchforsten. Da werde man meist hinsichtlich der Eigentümerfrage fündig. Genervt wies ich darauf hin, dass das doch Stunden dauern könne. »Jens würde sagen, dass die Herkunft von Taschenlampe und Baseballmütze mal in Ruhe geprüft werden muss«, erwiderte sie lachend. Woher Anna diesen Humor nahm, konnte ich mir nicht richtig erklären. Immerhin saß sie schon seit einem Dreivierteljahr täglich zwölf Stunden im Büro.

Nach vier Stunden hatte ich es dann geschafft. Vier Stunden für ein bereits abgeschlossenes Verfahren! Das konnte ich mir nicht jede Woche leisten. Aber die Anfragen aus der Asservatenstelle kamen in regelmäßigen (und nicht allzu großen) Abständen. Dicke alte Akten tauchten dann plötzlich wie U-Boote vor mir auf. Ich schlug Anna vor, einfach alle Asservatenanfragen zu sammeln und einmal alle drei Monate pauschal die Vernichtung der Asservate zu verfügen (als Freudenfeuer quasi). Man bräuchte dann nur noch eine großzügige Haftpflichtversicherung. Mit Annas Galgenhumor konnte ich noch eine Weile mithalten!

Aber auch die einzuhaltenden internen Richtlinien und Dienstanweisungen für Staatsanwälte kosteten Anfänger wie mich eine Menge Zeit. Teilweise kamen sie mir auch wie aus einer anderen Epoche vor. Ich hatte ein größeres Verfahren gegen einen Internetbetrüger zur Anklage gebracht. Der Angeklagte hatte Gegenstände im Wert von fünfzig bis zweihundert Euro im Internet versteigert, nach Zahlung jedoch nie irgendetwas geliefert. Es gab mehrere Hundert

Geschädigte. Ein Betrugsopfer ließ über eine Polizeidienststelle in Österreich anfragen, was aus seinem Verfahren geworden sei. Ich fertigte ein Antwortschreiben, aus dem hervorging, dass sein Fall als Nummer 78 in der Anklage zum Strafgericht aufgeführt war. Als ich das Schreiben Jens zur Gegenzeichnung vorlegte, bekam der beinahe einen Herzinfarkt. »Du willst wohl schon wieder zum Gespräch zu Dr. Ring?«, fragte er mich drohend. Er machte mich auf eine etwa vierzig Jahre alte Dienstanweisung aufmerksam. Danach musste ich zunächst ein offizielles Schreiben des Hauptabteilungsleiters an die Senatsverwaltung für Justiz vorbereiten. Diese würde sich dann an das entsprechende Justizministerium in Österreich und selbiges wiederum an die Polizeistation des Geschädigten in Österreich wenden. In dem Schreiben waren Feinheiten wie die Eingangsfloskel: »Beehren wir uns, Ihnen mitzuteilen, …« einzuhalten. Meinen ersten Entwurf durfte ich nochmals überarbeiten. Keinesfalls konnte es heißen: »Anliegend findet sich …«. Richtig war: »Beigeschlossen befindet sich …«. Nach zwei Stunden hatte ich schließlich die Anfrage beantwortet. Ich betete, dass sich keine weiteren Geschädigten aus dem Ausland melden würden und ich mich nie wieder »beehren« müsste.

Kriminaloberkommissar Konrad

Kriminaloberkommissar Konrad knipste die Lampe auf seinem Schreibtisch an und seufzte. Draußen brach bereits die Dämmerung herein. Seine Frau und sein dreijähriger Sohn Lukas würden keinen Freudensalto hinlegen, wenn er wieder so spät nach Hause kam. Häufig sah er seinen Sohn abends nur kurz eine halbe Stunde vor dem Schlafengehen. Seit er ins Raubdezernat gewechselt war, gab es zu Hause ständig Streit. Seine Frau konnte nicht verstehen, warum er bei gleicher Besoldung in ein Dezernat wechselte, wo derart viel zu tun war. Zudem wurden die Überstunden nicht bezahlt und abbummeln ging eigentlich nicht. Doch Konrad fühlte sich geehrt, als man ihm die Stelle anbot. Er wusste, dass man ihn ausgesucht hatte, weil er bei seinen Ermittlungen Hartnäckigkeit und Zielstrebigkeit an den Tag legte. Tugenden, die im Raubdezernat gefragt waren. Er hatte hier gewisse Freiheiten, trug aber auch eine entsprechende Verantwortung. Früher stand das Raubdezernat bei vielen Kollegen hoch im Kurs. Das hatte jedoch nachgelassen. Aufgrund der schwierigen Haushaltslage verfügte das Dezernat nicht über die erforderlichen Stellen, und es war mit Fällen zugeschüttet. Es fiel hier für den einzelnen Ermittler viel Arbeit an und das meiste waren wirklich massive Straftaten.

Schwere Raubüberfälle gehören in Berlin fast zur Tagesordnung. Wenn überhaupt, gibt es dazu eine kleine Meldung auf den hinteren Seiten der Regionalzeitungen. Das Interesse der Berliner Zeitungsleser hält sich in Grenzen. Man ist längst »abgehärtet«. Anders sieht es aus, wenn bei einem Raubüberfall Tote zu beklagen sind. Die Zuständigkeit liegt dann allerdings bei der Mordkommission, die schon vom Personalschlüssel her über ganz andere Möglichkeiten verfügt. Konrad wusste aber, dass auch Raubüberfälle schwere und bleibende Schäden hinterlassen und dass manche Opfer dabei innerlich ein Stück weit sterben. Viele können sich nach dem Überfall nicht mehr frei in der anonymen Öffentlichkeit bewegen. Sie fühlen sich nur noch zu Hause sicher, beim Kontakt mit anderen Menschen plagen sie oft Angstgefühle. Das führt zu Abschottung und Vereinsamung.

Es war klar, dass das Raubdezernat schwere Raubüberfälle nicht verhindern konnte. Doch Konrad ärgerte es, dass sich so wenige dieser Taten aufklären ließen. Jedes Mal, wenn er eine Ermittlungsakte zuklappte und zur Staatsanwaltschaft zwecks Einstellung zurücksandte, fühlte er sich irgendwie schuldig. So wie jetzt, bei diesem Raubüberfall auf den kleinen Laden von Erika und Werner L. Kopfschüttelnd ging er nochmals die Akte durch. Keine brauchbaren Täterbeschreibungen und keine verwertbaren Spuren am Tatort. Sie hatten die Mieter der Nachbarhäuser abgeklappert, in den umliegenden Geschäften Zettel ausgehängt und eine kleine Belohnung ausgelobt. Sogar eine Anzeige hatten sie im Lokalteil zweier Berliner Zeitungen geschaltet. Neue Ermittlungsansätze gab es dadurch nicht. Selbst in den Masken wurden keine ausreichenden Spuren für eine Überprüfung gefunden. Er hatte nichts! Irgendwie roch die Sache nach Serientätern. Tatort und Verhalten der Opfer waren vorher ausgekundschaftet worden. Bei Anfängern hätte der Widerstand der Ladenbesitzer zu mehr erkennbarer Nervosität und Fehlhandlungen geführt. Die Täter waren vielleicht nicht eiskalt, aber schon ganz schön abgebrüht. Sie hielten sich an ihren Plan, in dem auch Fluchtrouten festgelegt waren. Diese Erkenntnisse nutzten ihm jedoch nicht viel. Es gab zu viele Raubüberfälle, die ähnlich abliefen. Er unterschrieb seinen Abschlussbericht und klappte die Akte zu. Der Fall war erledigt. Jetzt konnte nur noch ein Wunder helfen, aber das hier war ja kein Kriminalroman.

Eine Sackgasse

Mitte Januar hatte ich mir ein grobes Gerüst mit Entwürfen von Standardverfügungen zurechtgelegt, mit denen ich ungefähr die Hälfte der täglich eingehenden Akten selbstständig bearbeiten konnte. Sie hielten dann auch meistens der Gegenzeichnung durch Jens stand. Bei den übrigen Akten musste ich Kollegen konsultieren. Das war ganz schön oft der Fall und ich konnte nicht ständig Anna oder Jens fragen. Die hatten schließlich auch noch ihre eigenen Akten zu bearbeiten. Also ersuchte ich auch die anderen Staatsanwälte unserer Abteilung um Rat.

Da war zum Beispiel Jörg, der zwei Zimmer weiter saß. Er war als hartnäckiger Ermittler bekannt und ziemlich effizient. Zu allen erdenklichen Ermittlungsschritten hatte er bereits eine Musterverfügung als Computermaske entworfen. Für mich eine wahre Fundgrube, da Jens diese Verfügungen meist ohne Weiteres gegenzeichnete. Manchmal ging mir seine Effizienz aber etwas zu weit. Einmal wollte er mir sein selbst entwickeltes, fünf Seiten langes Abkürzungsverzeichnis nahebringen. Jörg meinte, auf die Dauer könne man eine Menge Zeit sparen, wenn man anstelle einer gebräuchlichen Abkürzung von beispielsweise drei Buchstaben seine Spezialabkürzung mit nur einem oder zwei Buchstaben benutze. Ich lehnte dankend mit dem Hinweis ab, dass ich den Kopf derzeit für Fremdsprachen einfach nicht frei hätte. Jörg zeigte sich äußerst verständnisvoll.

Wenn Jörg ein hartnäckiger Ermittler war, dann wirkte Gerlinde (aus der Sicht eines Anfängers wie mir) fast fanatisch. Sie hatte das Zimmer neben Jörg. Als ich sie das erste Mal um Rat fragte, war ich mir nicht sicher, ob ich die Ermittlungsmaßnahme A oder B durchführen sollte. Gerlinde erklärte mir mit feurigen Augen und einer Stimme, die keinen Widerspruch duldete, dass die Ermittlungsmaßnahmen A bis einschließlich F durchzuführen seien, eine persönliche Besprechung mit dem ermittelnden Polizeibeamten anberaumt werden müsse, neue Ermittlungsverfahren gegen die Personen X, Y und Z einzuleiten seien und so weiter. Nach eineinhalb Stunden verließ ich völlig fertig ihr Zimmer. Das Problem mit Gerlinde war, dass sie einen sehr aufwendigen Ermittlungsstil hatte. Sie ermittelte in alle nur denkbaren Richtungen. Daran war mit Sicherheit nichts Falsches. Die Personaldecke in den sogenannten Buchstabenabteilungen musste man aber als äußerst dünn bezeichnen. Jedem Staatsanwalt wurde pro Monat eine hohe Zahl an neuen Verfahren zugewiesen. Was dazu führte, dass Gerlinde an den Grenzen der Belastbarkeit (selbst eines erfahrenen Staatsanwalts) wandelte und rüttelte. Sie hatte mit zweihundertfünfzig offenen Verfahren mehr als doppelt so viele wie jeder andere routinierte Staatsanwalt in unserer Abteilung. Es gab häufig Beschwerden, weil sie des Öfteren einzelne Verfahren liegenlassen musste und nicht alle Fälle ordnungsgemäß bearbeiten konnte. Es ging einfach nicht. Andere Abteilungsleiter hätten sie dafür wahrscheinlich gerädert. Nicht so unser Abteilungsleiter Berndt. Auf die Beschwerden musste er natürlich reagieren. Im Übrigen ließ er

Gerlinde jedoch, wie den anderen auch, freie Hand, so weit es irgendwie ging. Dafür liebten sie ihn.

Am Tag, nachdem ich Gerlinde mit meinen Fragen aufgesucht hatte, fand – wie von ihr vorgeschlagen – eine Besprechung mit dem ermittelnden Polizeibeamten statt. Gerlinde kam dazu und schaltete sich in das Gespräch ein. Im Anschluss fertigte ich ein Protokoll für die Akte an. Nach dreieinhalb Stunden war ich damit fertig. In dieser Woche konnte ich die eingehenden Akten nicht ansatzweise bearbeiten. Auch nach einer Sonderschicht am Samstag blieben noch Reste. Als ich Jens am Montag davon berichtete, lachte er nur. »Lern daraus! Du kannst nicht ermitteln wie Gerlinde. Sie kommt damit selbst kaum klar. Du als Anfänger würdest in Kürze handlungsunfähig sein.« Jens hatte recht. Ich steuerte auf die Handlungsunfähigkeit zu und mein Erziehungsberechtigter würde dann Hauptabteilungsleiter Dr. Ring sein. In der Folgezeit machte ich bei Fragen um das Zimmer von Gerlinde einen Bogen.

Das DNA-Wunder

Ende des 19. und Anfang des 20. Jahrhunderts führte die zunehmende Industrialisierung und Bildung von anonymen Großstädten zu neuen Herausforderungen bei der Verbrechensbekämpfung. Aber der wirtschaftliche und wissenschaftliche Aufschwung gab den Ermittlern auch neue wirkungsvolle Waffen an die Hand. Die wohl effektivste und erstaunlichste Waffe war ohne Zweifel die DNA-Analyse. 1984 erdachte Alec Jeffreys eine Methode, mit der man diese an vielen Stellen einzigartige Reihenfolge der »Buchstaben« im genetischen Code der DNA von zwei verschiedenen Zellproben vergleichen konnte. Da es ihm um biochemische Forschung ging, war er ziemlich verwundert, als knapp zwei Jahre nach der Entdeckung die Polizei der Grafschaft Leicestershire vor der Tür stand. Sie ermittelte wegen Sexualmorden an zwei jungen Mädchen. Die Gewalttaten hatten großes Aufsehen erregt und die Polizei stand unter enormem Erfolgsdruck. Sie hoffte nun, den Hauptverdächtigen mit einer DNA-Analyse überführen zu können. Zur Überraschung der Polizei bewies Jeffreys Analyse zunächst einmal, dass der Hauptverdachtige nicht der Mörder sein konnte. Wieder bei null angelangt, kamen die Ermittler schnell auf die Idee, alle männlichen Einwohner im Alter von 16 bis 34 Jahren einem Massentest zu unterziehen. Allen wurde Blut abgenommen und ihre genetischen Informationen mit den Spuren an den Opfern verglichen. Obwohl sich der Täter zuerst dem Test erfolgreich entziehen konnte, wurde er später doch gefasst. Durch eine DNA-Analyse.

Auf diesem Gebiet gab es in der Folgezeit weitere kleine, aber für die Ermittlungsbehörden sensationelle Fortschritte. Die DNA konnte aus immer kleineren Geweberesten oder sogar ausgefallenen Haaren bestimmt werden, die nur wenige Moleküle enthielten. Schließlich fand man eine Methode, ein einzelnes DNA-Molekül durch Hinzugabe von Enzymen so weit zu vermehren, dass die Gewinnung einer für Identifizierungszwecke brauchbaren DNA-Menge möglich war. Täterspuren konnten also wachsen!

Auch in Deutschland wurde die DNA-Analyse umgehend angewandt. Im April 1998 wurde beim Bundeskriminalamt eine bundesweite DNA-Analyse-Datei eingerichtet. Sie enthält zum einen die genetischen Fingerabdrücke von Beschuldigten und Verurteilten, denen eine erhebliche Straftat zur Last gelegt wird. Zum anderen sammelt man dort auch Tatortspuren, bei denen man auf eine spätere Täteridentifizierung hofft. Womöglich wird der Täter ja bei einer weiteren Straftat erwischt und muss eine DNA-Probe abgeben.

Waren es im Gründungsjahr sechshundertfünfzig Datensätze, so war die Anzahl Ende 2010 bereits auf knapp 900 000 angewachsen. Im Durchschnitt kann jede dritte Spur erfolgreich zugeordnet werden.

Die DNA-Analyse hat also eine unglaubliche Erfolgsgeschichte in der Verbrechensbekämpfung. Unendlich lang ist die Liste der Aufklärungserfolge. Besonders spektakulär und in der Presse gerne breit dargestellt sind dabei die Fälle, in denen der Täter noch nach Jahrzehnten überführt werden kann. So konnte beispielsweise der Sexualmord an einer dreizehnjährigen Schülerin aus Brandenburg fünfundzwanzig Jahre nach der Tat aufgeklärt werden. 2003 überführte die DNA-Analyse einer Spermaspur den Täter, er wurde zu fünfzehn Jahren Freiheitsstrafe verurteilt.

Ein letzter Versuch

Auch beim Berliner Raubdezernat machte man sich die DNA-Analyse zunutze. Vermeintliche Spurenträger wurden überprüft und eingedenk möglicher künftiger wissenschaftlicher Erkenntnisse vorsorglich selbst dann aufgehoben, wenn eine DNA-Analyse erfolglos war. So schlummerten die Masken aus dem Überfall auf den kleinen Laden von Erika und Werner L., sorgfältig in Plastiktüten verschweißt, seit zwei Jahren in einer Asservatenkiste vor sich hin.

Kriminaloberkommissar Konrad legte seine Fachzeitschrift grübelnd zur Seite. Längst war es üblich, sich laufend über neueste Entwicklungen auf dem Gebiet der Kriminaltechnik zu informieren. Und da gab es so einiges. Zum Beispiel diese neue Möglichkeit der Vermehrung einzelner DNA-Moleküle, mit der man aus deutlich kleineren Spuren als früher brauchbare DNA-Mengen gewinnen konnte. Bei Spurenträgern wie Handschuhen, Mützen oder Masken werde man in der Regel fündig, hieß es da. Es bedürfe nur einer intensiven Suche. Konrad druckte sich eine lange Liste seiner alten ungelösten (und eigentlich hoffnungslosen) Ermittlungsverfahren aus. Aus den Augen heißt eben nicht aus dem Sinn. Es kam öfter vor, dass er sich plötzlich an den einen oder anderen alten Fall erinnerte. Als er die Liste überflog, wusste er bei vielen Delikten gleich, worum es ging. Ab und zu hatte er sogar noch die Gesichter der Geschädigten vor Augen, die ihn fragend ansahen. Am Wochenende würde er herkommen und die Fälle nochmals einzeln durchforsten. Seit seiner Scheidung hatte er ohnehin viel Zeit. Seinen Sohn Lukas würde er erst nächstes Wochenende sehen. Er plante, eine kleinere Liste mit erfolgversprechenden Spurenträgern zusammenzustellen und sie seinem Chef vorzulegen. Der würde ihm wieder einen Vortrag über die erheblichen Kosten (gut 500 Euro pro Untersuchung), die geringe Erfolgsquote bei Zweituntersuchungen und die langen Wartezeiten bei den Labors halten. Es gebe schließlich auch frische Spuren, die schnellstmöglich untersucht werden müssten. Letztlich würde er den Antrag aber genehmigen.

Dann musste er »nur« noch auf die Ergebnisse warten. Die polizeitechnische Untersuchungsstelle der Berliner Polizei (PTU) war hoffnungslos ausgebucht. Die Polizei weigerte sich aus Kostengründen, Aufträge extern an die gerichtsmedizinischen Institute der Universitäten zu vergeben. Fälle, in denen es sich um Mord handelte oder Beschuldigte bereits in Untersuchungshaft saßen, wurden natürlich vorgezogen. Alte Fälle hingegen wie die von Kriminaloberkommissar Konrad standen ganz hinten auf der Warteliste. Die Wartezeiten waren teilweise auf vier Jahre angewachsen.

Der Aktenberg wächst

Hier sind Ihre Handakten für die Sitzungen nächste Woche – warum gucken Sie denn so komisch?« Fünf graue Akten landeten auf meinem Schreibtisch, während Frau Henz von der Geschäftsstelle triumphierend verschwand. Anna konnte sich ein Grinsen über das Leid auf der anderen Seite der zusammengeschobenen Schreibtische nicht verkneifen. »Ach ja, das hatte ich vergessen zu erwähnen. Auch die Anfänger müssen nach circa fünf bis sechs Wochen am staatsanwaltschaftlichen Sitzungsdienst teilnehmen. Ist ein- bis zweimal die Woche und dauert so von 9 bis 15 Uhr.« Mein festes System (Bearbeitung der täglich eingehenden Aktenflut, Gegenzeichnung durch Jens, Bauchwehstapel genau im Auge behalten), mit dem ich mich Ende Januar mehr schlecht als recht arrangiert hatte, wurde nun in seinen Grundfesten erschüttert. Es war nicht nur die reine Sitzungszeit, die ich abschreiben konnte, die Akten mussten schließlich auch vorbereitet werden (wohl am Wochenende). Nahmen die Grausamkeiten denn gar kein Ende?

Jede Anklage, die ein Staatsanwalt erhebt, führt zu einer Hauptverhandlung vor einem Strafgericht. Neben den Richtern und dem Angeklagten (gegebenenfalls mit Verteidiger) nimmt auch ein Staatsanwalt teil. Und natürlich das interessierte Publikum. Denn die Verhandlungen werden grundsätzlich öffentlich durchgeführt.

Früher, kurz nach der Eröffnung des Kriminalgerichts, waren diese Verhandlungen eine echte Attraktion. Es gab nur ein paar Kinos, in denen Stummfilme von zehn Minuten Länge liefen, noch kein Fernsehen und keine DVDs, die das Interesse an Straftaten heute ziemlich abdecken. Damals wurden bei Sensationsprozessen unter der Hand für Einlasskarten vierzig bis fünfzig Mark bezahlt, was viel Geld war. Es gab berühmte Vorsitzende Richter und Staatsanwälte. Fotografen wetteiferten darum, sie für Berliner Illustrierte auf die Platte zu bannen. Gleiches galt für renommierte Strafverteidiger, die schon mal mit einer Equipage vor dem großen Portal vorfuhren, einer hatte gar eine weiß gefütterte Robe. Vor dem Gericht hielten ein Dutzend Motorräder der großen Berliner Zeitungen, die die aktuellen Berichte stückweise im Eiltempo den Redaktionen zuführten. Denn schon in der Mittagszeitung sollte der Prozessauftakt und in dem Abendblatt der ganze Sitzungstag ausführlich beschrieben sein. Das erforderte wahre Geschwindigkeitswunder in der Übertragung von Stenogrammen, Abfertigung der Boten sowie im Satz und Druck.

Heutzutage sieht das mit dem Interesse an den Hauptverhandlungen völlig anders aus. Sicher: Es gibt ihn noch, den einen oder anderen sensationellen Prozess gegen einen ehemaligen Politiker oder Bankvorstand. In der Regel herrscht in den Sitzungssälen jedoch gähnende Leere. Kaum ein Zuschauer verirrt sich hierher. Lediglich Gerichtsreporter klappern jeden Morgen die Säle ab. Die Tür geht dann auf und der Reporter schaut den Vorsitzenden Richter scharf an und erhofft sich ein Zeichen. Schüttelt er den Kopf, wird nur eine langweilige normale Straftat verhandelt. Reagiert er jedoch nicht, wittert der Reporter Beute und lässt sich im Saal nieder.

Ich selbst sah mir später mal einen Teil der Hauptverhandlung in einem Mordprozess an. Der Prozess fand im berühmten Saal 700 (hoch über dem Hauptportal gelegen) statt. Der Saal ist riesig, die Decke vielleicht sieben Meter hoch. Nicht ganz so prunkvoll wie der Saal 500, eine Etage tiefer, der auch der »Kaisersaal« genannt wird, doch wurde hier 1906, kurz nach der Eröffnung des Gerichts, der bekannte »Hauptmann von Köpenick« verurteilt. Später gab es im 700er wichtige RAF-Prozesse. Ich dachte erst, links im Saal stünde ein Straßenbahnwaggon. Es war jedoch eine Sicherheitskabine, in welcher der Mordverdächtige hinter getönten Glasscheiben saß. Durch einen winzigen Schlitz konnte er Papiere herausreichen oder entgegennehmen. Es ging um einen Doppelmord an einem Ehepaar, das zwei Kinder hinterlassen hatte. Der Angeklagte hatte gestanden, nachts in das Einfamilienhaus eingebrochen zu sein. Doch zu dem geplanten Diebstahl kam es nicht. Die Frau hörte Geräusche und sah nach dem Rechten. Der Angeklagte versetzte ihr zwei Messerstiche, dann begab er sich (angeblich, um durchs Fenster zu fliehen) ins Schlafzimmer, wo er den inzwischen gleichfalls aufgewachten Ehemann mit sieben Messerstichen tötete. Auch der Frau konnten die Ärzte nicht helfen. Nach drei Monaten im Koma erlag sie ihren Verletzungen.

Der Angeklagte war bereits einmal wegen Mord im Vollrausch zur Höchststrafe (fünf Jahre) verurteilt worden und machte im Prozess Strafmilderung wegen Drogenabhängigkeit geltend. Die Polizei hatte dem Beschuldigten nach Ergreifung zunächst nur ein Haar von sieben Zentimetern Länge abgenommen. Dieses Haar reichte nicht, um durch eine Haaranalyse die Drogenabhängigkeit eindeutig zu bestätigen bzw. zu widerlegen. Als der Sachverständige in der Untersuchungshaftanstalt eine weitere Haarprobe nehmen wollte, war es bereits zu spät. Der Angeklagte hatte seine Haare (alle Körperhaare!) vollständig abrasiert. Mit den nachwachsenden Haaren konnte der Sachverständige nichts anfangen. Die Haarwurzel ist unter der Kopfhaut von Blutgefäßen umschlossen, welche die sich ständig teilenden und später verhornenden Zellen ernähren. Im Blut vorhandene Drogen werden dabei eingelagert und wachsen dann sozusagen mit den Haaren aus dem Körper heraus. Da bekannt ist, wie schnell Haar (sei es im Kopf-, Achsel-, Bein- oder Schambereich) bei bestimmten Menschentypen (z.B. Afrikaner oder Europäer) wächst, kann der Sachverständige ermitteln, ob und wenn ja, welche Drogen der Beschuldigte in welchem Zeitraum konsumiert hat. Die nachwachsenden Haare konnten aber nur noch Auskunft über den Zeitraum in der Untersuchungshaft geben.

Der Angeklagte in der Sicherheitskabine sah ohne Kopfhaare und Augenbrauen etwas merkwürdig aus. Konnte sich jemand auf verminderte Schuldfähigkeit wegen Drogenabhängigkeit berufen, obwohl er selbst die Möglichkeit der Überprüfung vereitelt hatte?

Ich schaute mich im Saal 700, der bestimmt achtzig Zuschauern Platz bietet, um. War er gefüllt? Die Antwort: Es gab zwei Zuhörer, die vielleicht beruflich (Presse) oder als Verwandte oder Bekannte der Opfer hier waren. Verübeln konnte man es den Leuten jedoch nicht. Die Fragen, über die hier verhandelt wird, können schnell krank machen.

Später hörte ich, dass das Landgericht dem Angeklagten tatsächlich eine Strafmilderung zugebilligt und ihn zu vierzehn Jahren Freiheitsstrafe (Mord im Zustand verminderter Schuldfähigkeit) verurteilt hatte. Mit etwas Glück kann der damals circa dreißigjährige Täter im Alter von vierzig Jahren schon wieder auf freiem Fuß sein. Obwohl er insgesamt drei Menschenleben auf dem Gewissen hat. Die Staatsanwaltschaft legte Revision ein, wobei ich nie erfahren habe, was dabei herauskam.

Am Freitagabend vor meiner ersten Sitzungswoche trollte ich mich gegen 20 Uhr mit Anna in Richtung Ausgang des Kriminalgerichts. Die fünf Sitzungsakten für Montag hatte ich zur Vorbereitung mitgenommen. Warum auch weggehen, fernsehen oder Bücher lesen? Man hatte doch alles da. Das pralle Leben sprang einem aus den Akten förmlich entgegen.

Mein erster Sitzungstag

Am Montagmorgen um 9 Uhr war es dann so weit. Zunächst ging ich in mein Zimmer, um die weiße Krawatte anzulegen und mir meine schwarze Robe zu schnappen. Die Pflicht, eine schwarze Robe zu tragen, geht auf eine Anordnung des preußischen Königs Friedrich Wilhelm I. zurück. Er war ein weitsichtiger Mann. Schon 1726 verfügte er: »Wir ordnen und befehlen hiermit allen Ernstes, daß die Advocati wollene schwartze Mäntel, welche bis unter das Knie gehen, unserer Verordnung gemäß zu tragen haben, damit man die Spitzbuben schon von weitem erkennt.« Mit meiner Robe über dem Arm suchte ich mir einen Weg zum Sitzungssaal. Die Akten hatte ich am Wochenende durchgearbeitet. Die Anklage war von anderen Abteilungen der Staatsanwaltschaft erhoben worden. Üblicherweise tritt der Staatsanwalt, der die Anklage verfasst, nicht selbst in der Hauptverhandlung auf. Dadurch soll die Objektivität der Staatsanwaltschaft gewährleistet werden. Der Staatsanwalt soll nicht »verbissen« an seinen eigenen Fällen kämpfen. Außerdem hat man so gebündelt ein oder zwei Sitzungstage pro Woche und muss nicht zu den unterschiedlichsten Zeiten zu irgendwelchen Terminen. Immerhin wird in Moabit teilweise in fünfzig Sitzungssälen gleichzeitig verhandelt.

Zur Vorbereitung der Fälle gehört, dass man sich den einschlägigen Strafrahmen sowie mögliche strafschärfende und strafmildernde Gründe vergegenwärtigt. Nach Beendigung der Beweisaufnahme hält der Staatsanwalt (vor dem Verteidiger) sein Abschlussplädoyer, in welchem er eine bestimmte Strafe oder einen Freispruch begründet und beantragt.

Bei den ersten vier der zu verhandelnden fünf Fälle handelte es sich um Diebstahl, Nötigung, schweren Hausfriedensbruch und Verletzung der Unterhaltspflicht. Sie waren schnell beendet. In zwei Fällen erschien der geladene Angeklagte nicht. Der Richter erließ einen Haftbefehl. In den anderen beiden Verfahren waren die Angeklagten geständig, sodass sich eine Beweisaufnahme erübrigte. Es wurden dann gleich die Abschlussplädoyers gehalten.

Der letzte Fall gestaltete sich schwieriger. Angeklagt war eine Scheinehe. Ist eine Ehe nur zum Schein geschlossen, um einem Ehepartner die Einreise zu ermöglichen und ein Bleiberecht zu verschaffen, handelt es sich um eine Straftat nach dem Ausländergesetz. Bei einer Verurteilung wird der ausländische Ehepartner abgeschoben. Für den Angeklagten stand somit alles auf dem Spiel. Normalerweise sind diese Delikte vor Gericht nur sehr schwer zu beweisen. Dies gilt insbesondere, wenn der ausländische Ehepartner sich tatsächlich (zumindest mehrmals wöchentlich) in der gemeinsamen Wohnung aufhält. In dem angeklagten Fall hatten sich bei einer Hausdurchsuchung aber weder Bekleidungsstücke des Angeklagten noch andere Hinweise auf dessen Anwesenheit in der »gemeinsamen« Wohnung, wie z. B. Rasierzeug, gefunden. Auch fehlten Spuren erwarteter Zweisamkeit, wie sie sich etwa in zwei sich liebevoll anblickenden Zahnbürsten in einem Zahnputzbecher spiegelt.

Einzige Aufgabe der Verteidigung war es, beim Gericht Zweifel hinsichtlich einer Scheinehe zu wecken, nicht jedoch das Vorliegen einer echten Ehe zu beweisen. Bleiben letzte (nicht nur theoretische) Zweifel, so ist nach der sogenannten Unschuldsvermutung zugunsten des Angeklagten zu entscheiden. Doch das Säen von Zweifeln gelang dem Verteidiger nicht. Auch durch die Vorlage von vierzig Hochzeitsfotos konnte er beim Gericht nichts erreichen. Der Verteidiger wollte belegen, dass eine richtig große Hochzeit stattgefunden hatte. Bei diesen Farbfotos fiel auf, dass außer der mit Geldscheinen behängten Braut immer nur der Angeklagte und ein grinsender Kellner im Wechsel zu sehen waren. Es gab eine Verurteilung.

Nach dem Ende meines ersten Sitzungstages (gegen 15 Uhr) war ich geschafft und schleppte mich in mein Zimmer, wo mich der neu eingetroffene Aktenstapel des Tages höhnisch angrinste. Zum Bauchwehstapel schaute ich gar nicht erst rüber. Ich kannte seine Größe, warum noch Öl ins Feuer gießen. Ich musste nun noch meine Schlussbemerkungen in die Sitzungsakten eintragen. Dazu gehört, in Kurzform darzulegen, welchen Antrag ich gestellt, wie das Gericht geurteilt hatte und ob ich Rechtsmittel anraten wollte. Erst als ich damit fertig war, durfte ich mich meinen Akten zuwenden. Ich nahm mir fest vor, den Rückstand bis nächste Woche Dienstag (meinem nächsten Sitzungstag) irgendwie aufzuholen.

Der Treffer

Kriminaloberkommissar Konrad musste erst zwei Mal hinsehen, bis er glauben konnte, was er da vor sich hatte. Bereits ein Jahr nach Antragstellung lagen die ersten Ergebnisse der DNA-Analysen seiner Altfälle vor. Zwei der zwölf beantragten Fälle waren bearbeitet, die Untersuchungen hatte das gerichtsmedizinische Institut der Charité durchgeführt. Dann waren die Gerüchte also doch wahr, denen zufolge Aufträge nun endlich auch extern vergeben wurden, um die unhaltbaren Wartezeiten zu verkürzen.

Konrad schaute die Ergebnisse der Gutachten durch. Beim ersten eine Niete, aber das zweite Gutachten konnte einen Treffer vorweisen. Er musste nur einen Moment überlegen, bis ihm der Fall wieder vor Augen stand. Der Raubüberfall auf den kleinen Laden in der Nähe des S-Bahnhofs Warschauer Straße. Er hatte sich nicht getäuscht. Der Fall roch weiter nach Serientätern. Im Labor war es nun gelungen, an den zwei Masken aus dem Hausflur ausreichendes Spurenmaterial für die neue DNA-Überprüfung zu sichern. Eine DNA stammte von einem unbekannten Täter. Die andere Spur ergab mit einer Wahrscheinlichkeit von mehr als 9 Millionen zu 1 eine Übereinstimmung mit einer Person, die wohl Sinan H. hieß (es waren mehrere Aliasnamen vorhanden). Seine DNA war seit einer rechtskräftigen Verurteilung wegen eines Raubüberfalls in der Datei gespeichert.

Konrad ließ sich das Urteil zufaxen. Er las von einem Banküberfall mit selbst hergestellten Masken, Pistolenattrappen und Fesselungen mit Klebeband. Das kam ihm jetzt doch sehr bekannt vor.

Das Problem war, dass hinsichtlich des Verdächtigen Sinan H. kein fester oder auch nur vorübergehender Aufenthaltsort bekannt war. Konrad erhielt ohne Probleme den richterlichen Beschluss zur Anordnung der Untersuchungshaft. Der DNA-Treffer ließ kaum Zweifel am dringenden Tatverdacht aufkommen, zumal dem Verdächtigen Raubüberfälle nicht völlig fremd waren, wie die rechtskräftige Vorverurteilung belegte. Weiterhin zeigte sich, dass es auch in anderen Bundesländern starkes Interesse an Sinan H. gab. Vom Landgericht Chemnitz lag ein Haftbefehl wegen schweren Raubüberfalls vor.

Nachdem der Verdächtige zur Fahndung ausgeschrieben war, konnte man nur abwarten. Wenn Sinan H. klug war, hatte er seine Zelte in Deutschland schon abgebrochen. Aber Konrad hatte so ein Gefühl, dass bald etwas im Netz zappeln würde. Ein gutes Gefühl.

Zwei Gürteltiere werden abgearbeitet

Der Februar ging ins Land und ich konnte den Zeitverlust durch die nun jede Woche anstehenden Sitzungstage einigermaßen kompensieren. Ich kam morgens kurz vor 9 Uhr, begann mich durch die täglich eingehenden Aktenberge zu wühlen, hatte ein- bis zweimal die Woche Sitzungstag und verließ gegen 20 Uhr das Büro. Manchmal ging ich sogar vor Anna um 19 Uhr oder 19:30 Uhr. Das fand die sonst so humorvolle Anna dann weniger lustig. Der Bauchwehstapel sollte durch gelegentliche Arbeit am Wochenende einem langsamen Zerfallsprozess zugeführt werden.

Sobald wir morgens den Kaffee gekocht hatten, machten wir uns über die Akten her. Irgendwie war es ein seltsamer Beruf und ein wenig deprimierend, von morgens bis abends immer nur über die schlechten Seiten der Menschen zu lesen oder (in den Sitzungen) von ihnen zu hören. Ich fragte mich, ob diese Arbeit auf Dauer den Staatsanwälten unserer Abteilung aufs Gemüt schlug. Gingen sie auch außerhalb des Kriminalgerichts stets vom Schlechtesten bei Mitmenschen aus? Fehlte ihnen das Vertrauen zu anderen sogar im Privatleben? Konnten sie nie unbeschwert auf andere zugehen und waren deshalb ungenießbar und unausstehlich? Ertappten sie sich morgens dabei, wie sie misstrauisch ihr Spiegelbild beäugten? Dafür wirkten sie (zumindest in unserem morgendlichen Café Jura) eigentlich viel zu fröhlich und aufgeschlossen. So erfüllte das quirlige, muntere Geschwatze von Mona genauso unser Zimmer wie das dröhnende Lachen von Jens. Ich hatte auch nie gehört, dass einer von ihnen Supervisionen bei einem Psychologen oder Ähnliches wahrnahm. Vielleicht härtete man mit der Zeit ab oder verdrängte belastende Gedanken – irgendwohin?

Auch Oberstaatsanwalt Berndt nahm ab und zu an der Kaffeerunde teil und erzählte fröhlich drauflos. Er hatte zwei Themen, entweder ein paar ältere Fälle oder Geschichten von seinen Urlaubsreisen. Die älteren Fälle waren ganz amüsant. Nach etwa zwei Monaten merkte ich aber, dass mir die meisten bekannt vorkamen. Wenn er mit seinen Fällen anfing, wurde es in der Kaffeerunde schnell leer. Anna und ich konnten aber nicht gehen, weil es unser Zimmer war. Wir warteten dann geduldig, bis er zu einem Ende kam. Das konnte sich hinziehen. War Annas oder mein Stuhl gerade frei – mehr Stühle gab es im Zimmer nicht –, nahm er Platz und erzählte weiter. Er schien es nicht zu bemerken, wenn wir dann ungeduldig dreißig Minuten danebenstanden und von einem Fuß auf den anderen traten. Die Akten warteten! Versuchte man, ihm fachliche Fragen zu stellen, wich er eigentlich immer auf sein zweites Lieblingsthema Urlaubsreisen aus. Er fragte dann beispielsweise, ob man eine Ahnung habe, wo Antananarivo (die Hauptstadt von Madagaskar) liege. Wenn wir es nicht wussten, war Herr Berndt schon aufgestanden und bewegte sich Richtung Tür: »Ich hole mal den Atlas.« Hilfeschreie, abwehrende Gesten oder Ausreden halfen nichts. Es folgten eine geographische Einführung mit dem Atlas sowie ein bis zwei Urlaubsgeschichten.

Wenn Jens das mitbekam, lachte er kräftig: »Da müsst ihr

noch dazulernen. Am besten nehmt ihr einfach die nächste Akte, fangt an zu lesen und reagiert nicht auf Herrn Berndt.« Das trauten wir uns dann aber doch nicht. Er war schließlich unser Chef.

Im Laufe des Monats Februar konnte ich zwei umfangreiche Gürteltiere aus meinem Bauchwehstapel mit einer Anklage abschließen. Bei dem ersten Fall handelte es sich um den Tod eines Alkoholikers. Der schwerkranke ältere Mann, der nicht mehr klar denken und sich kaum artikulieren konnte, wurde in einem Heim untergebracht, da er keine Angehörigen hatte. Nach einem Monat verschlechterte sich sein Gesundheitszustand zunehmend und man lieferte ihn im Krankenhaus auf der Intensivstation ein. Dort legte man ihm einen Urinkatheter. Der zuständige Oberarzt notierte auf den Krankenunterlagen fürs Heim eine entzündete Stelle von zwei Zentimetern Durchmesser im Intimbereich, die wohl durch das viele Liegen entstanden war.

Sechs Monate später wurde der Mann von Mitarbeitern des Altenheims erneut in die Notaufnahme gebracht. Sein Zustand war lebensbedrohlich, und er verstarb nach zwei Tagen. Der Oberarzt stellte erzürnt fest, dass sich niemand um die entzündete Stelle gekümmert hatte. Sie hatte sich zu einer offenen, eitrigen, kreisrunden, stinkenden und von Maden befallenen Wunde entwickelt. Bei der Obduktion zeigte sich, dass die Wunde fast in die gesamte Bauchhöhle Eiter gestreut hatte. In einem Artikel für ein Wochenmagazin prangerte der Oberarzt die oft katastrophalen Zustände in Heimen an. Der enorme Kostendruck der Pflegeheime führe zur Einstellung von unqualifiziertem Personal und damit mangelhafter Pflege. Insbesondere Menschen ohne

Angehörige (die sich nicht beschweren und Druck machen können) würden häufig links liegengelassen.

Der vorliegende Fall war jedoch besonders erbarmungslos. Niemand hatte es im Heim für nötig befunden, die entzündete Stelle medizinisch zu versorgen, obwohl das Pflegepersonal die Entzündung täglich mehrmals gesehen und gerochen haben musste. Immer dann, wenn sie den Urinkatheter wechselten. Sie sahen zu, wie der alte Mann an der Wunde langsam zugrunde ging. Erstaunlich war, dass zweimal im Monat eine Heimärztin zur Visite kam und den Gesundheitszustand als »in Ordnung« vermerkte. Im Übrigen hatte keiner der 15 Mitarbeiter der Station eine Pflegeausbildung absolviert. Es handelte sich durchweg um ungelernte Kräfte oder Zivildienstleistende.

Ein gerichtsmedizinisches Gutachten belegte, dass der alte Mann mit hoher Wahrscheinlichkeit an Sepsis, bedingt durch diese Wunde, gestorben war. Es bestand jedoch eine ganz geringe Wahrscheinlichkeit, dass er aufgrund seines allgemein schlechten Gesundheitszustandes auch so gestorben wäre. Der Tatbestand eines Tötungsdelikts entfiel damit (im Zweifel zugunsten des Angeklagten). Aber auch sonst war es schwer, eine Anklage zu erheben. Genau genommen waren alle Mitarbeiter des Heims, die mit dem alten Mann zu tun gehabt hatten, Beschuldigte. Sie konnten die Aussage verweigern und taten dies, genau wie die Heimärztin. Ich stieß auf eine Mauer des Schweigens. Das Einzige, was mir blieb, waren die beschlagnahmten Pflegeunterlagen der Station. Darin war in unverständlichen Abkürzungen festgehalten, wer wann Dienst gehabt hatte. Unklar blieb außerdem, wer in welchem Bereich der Etage tätig gewesen war. Ich entschied mich trotzdem, gegen die Ärztin, die Pflegeleiterin der Station und die Heimleiterin wegen fahrlässiger Körperverletzung vorzugehen. Die Anklage stand auf dünnen Beinen. Ich beruhigte mich damit, dass es im ungünstigsten Fall wenigstens ein Warnschuss vor den Bug wäre. Man musste zumindest deutlich machen, dass entsprechende Fälle verfolgt werden. Hier hatten schon zu viele weggesehen. Ich als Staatsanwalt würde das nicht auch noch tun. Später hörte ich, dass das Verfahren gegen eine Geldbuße eingestellt worden war. Ich war ziemlich enttäuscht, aber nicht unbedingt überrascht.

Das zweite »Gürteltier« war ein umfangreiches Ermittlungsverfahren gegen den gebürtigen Araber Hamid D., einen Fahrschullehrer. Arabisch sprechenden Kunden bot er an, für ein Entgelt von etwa 1000 Euro den Nachweis einer erfolgreich abgelegten theoretischen Prüfung zu besorgen. Es sei doch recht umständlich, die deutsche Sprache und diese ganzen Verkehrszeichen, von denen ohnehin nur ein Dutzend wichtig seien, zu lernen. Dazu muss gesagt werden, dass die schriftliche Prüfung durchaus in anderen Sprachen, zum Beispiel Arabisch, abgelegt werden kann.

Irgendwann fiel einem Aufsicht führenden Prüfer auf, dass er den Kandidaten links am Fenster doch vorgestern auch schon bei einer schriftlichen Prüfung gesehen hatte. Er rief die Polizei und der Mann wurde festgenommen. Der Beschuldigte, Cemil K., gestand in der Untersuchungshaft vor dem Ermittlungsrichter und gab auch noch zwei weitere Fälle zu. Er habe von dem Fahrlehrer 200 Euro je Prüfung und die jeweiligen Personaldokumente erhalten. Anschließend identifizierte er den Fahrlehrer anhand einer sogenannten Wahllichtbildvorlage, bei der ihm verschiedene, namentlich nicht gekennzeichnete Fotos gezeigt wurden. Nach dem Geständnis wurde er gegen die Auflage entlassen, sich wöchentlich bei seinem Polizeirevier zu melden. Er wurde nie wieder gesehen.

Prüfungsbögen der letzten Monate wurden in großem Umfang auf Fingerabdrücke hin überprüft. Dabei stellte sich heraus, dass der Beschuldigte zumindest dreizehn theoretische Prüfungen unter wechselnden Personalien absolviert hatte (allesamt Fahrschüler von Hamid D.). Die Ermittlungsakte wuchs und wuchs. Die dreizehn Beschuldigten, die sich bei schriftlichen Prüfungen hatten vertreten lassen, konnte ich leicht anklagen. Wie sollte ich aber den Fahrschullehrer überführen? Sowohl er als auch die anderen Beschuldigten mussten nicht aussagen (um sich nicht selbst zu belasten), was sie auch nicht taten. Die belastende Aussage des Prüfungskandidaten vor dem Ermittlungsrichter konnte zwar durch Verlesen des richterlichen Protokolls in den Prozess eingeführt werden. Es war aber mehr als fraglich, ob das reichen würde. Da, wo sich für das Gericht Zweifel an der Glaubhaftigkeit dieser Aussage ergeben und sich Fragen aufdrängen würden, schweigt das Papier. Ohne seine Anwesenheit in der Hauptverhandlung wäre mit der Aussage des Prüfungskandidaten Cemil K. nichts anzufangen. Der Verteidiger würde die Anklage in Stücke reißen. Ob man den untergetauchten Cemil K. jemals fassen würde, war unklar. Seit seinem Verschwinden waren bereits zwei Jahre vergangen.

Wie nun weiter? Der Fahrschullehrer musste unbedingt aus dem Verkehr gezogen werden. Es handelte sich nicht um ein Kavaliersdelikt. Führerscheine ohne theoretische Kenntnisse zu verteilen, konnte auf Dauer nicht gutgehen.

Musste erst ein schlimmer Unfall passieren? Ich entschied mich, nicht länger zu warten und den Fall zur Anklage zu bringen. Die Anklageschrift war gerade fertiggestellt, als ich eine Idee hatte. Konnte ich nicht einen der 13 anderen Beschuldigten zu einer Aussage bewegen? Sie hatten zwar alle die Aussage verweigert. Vielleicht konnte ich aber im Gegenzug etwas anbieten. Zum Beispiel eine Verfahrenseinstellung. Ich besprach mich mit Jens. Er meinte, dies sei grundsätzlich möglich. Wie das Gericht allerdings die Aussage eines »gekauften« Zeugen bewerten würde, lasse sich im Vorhinein kaum abschätzen. Damit hatte ich kein Problem, da die Beweislage sowieso schlecht war und nur besser werden konnte. Ich sollte am besten den Anwalt eines auswärtigen Beschuldigten kontaktieren. Das sei von Vorteil, meinte Jens, da er »nicht so dicht an dem ganzen Verfahren dran« sei. Beschuldigte würden sich oft miteinander absprechen, waren womöglich familiär verbunden oder bedrohten einander.

Dankbar kehrte ich mit den Ratschlägen meines Gegenzeichners ins »Assessorenzimmer« zurück. Jens hatte bis vor Kurzem in einer Abteilung für organisierte Kriminalität gearbeitet. Sie haben dort verdeckte Ermittler, die sich langsam in Verbrecherbanden einschleusen, Fahrzeuge werden per GPS überwacht und Telefonanschlüsse abgehört. Schwierige Ermittlungen, bei denen es auf letzte Feinheiten ankommt. Jens kannte jede Ermittlungssituation, die in den Akten unserer »Buchstabenabteilung« auftauchte, in- und auswendig. Wahrscheinlich war er in Gedanken immer schon drei Züge weiter. Er bewegte sich mit der Leichtigkeit eines Florettfechters durch die Verfahren, während im Nachbarzimmer sich die Proberichter mit schweren Säbeln übers Schlachtfeld schleppten und vor jedem Schlag keuchend nach Luft schnappten.

Ich durchwühlte die neunbändige Ermittlungsakte und fand tatsächlich einen Beschuldigten, der nicht in Berlin wohnte. Ich rief seinen Verteidiger an und hatte Glück. Relativ schnell erhielt ich eine belastende Aussage gegen den Fahrschullehrer. Der Beschuldigte, dessen Verfahren ich daraufhin einstellte, gab an, sich mit Hamid D. in einem Café getroffen zu haben. Dort habe er ihm 1100 Euro sowie sein Personaldokument für die Prüfung überreicht. Wenig später habe er dann den praktischen Teil bei dem Fahrschullehrer absolviert. Seinen Führerschein habe er aber nicht erhalten, da die Führerscheinbehörde über das Ermittlungsverfahren informiert worden sei. Kurze Zeit später erhob ich Anklage gegen Hamid D. und beantragte als Nebenstrafe, also zusätzlich zur Geld- oder Freiheitsstrafe als Hauptstrafe, den Entzug der Fahrerlaubnis sowie drei Jahre Berufsverbot.

Später erfuhr ich, dass diese Anklage erfolgreich war. Der »gekaufte« Zeuge hatte sich als Trumpfkarte erwiesen. Der Angeklagte agierte in der Hauptverhandlung erst mit einem, dann mit zwei und schließlich mit drei Verteidigern gleichzeitig. Sie versuchten natürlich Zweifel an der Glaubhaftigkeit des Zeugen zu säen. So fragten sie, ob er nicht kurz vor der Hauptverhandlung noch Hamid D. kontaktiert habe. Das bejahte der Zeuge frei heraus. Er habe von dem Angeklagten sein Geld zurückverlangt und mit einer Aussage vor Gericht gedroht. Hamid D. habe es ihm aber nicht zurückgegeben, sondern erklärt, dass man ohnehin keine Beweise gegen ihn habe und ihn nicht überführen könne. Diese prompten Antworten des Zeugen fand das Gericht überzeugend und die Äußerungen des Angeklagten etwas voreilig. Es verurteilte Hamid D. schließlich zu eineinhalb Jahren Freiheitsstrafe auf Bewährung mit der Auflage, einen Betrag von 10 000 Euro an eine gemeinnützige Einrichtung zu zahlen. Gleichzeitig wurde ein Berufsverbot von drei Jahren ausgesprochen.

Wodka und seine Wirkungen

Sinan H. freute sich schon auf das Essen mit seinen Freunden. Es war immer wieder nett, mit seinen algerischen Landsleuten zusammenzutreffen. Sehr familiär war das und ein bisschen wie in der Heimat. Er hatte versprochen, eine Flasche Wodka mitzubringen, und ging in einen kleinen Einkaufsmarkt an der Straßenecke. In Leipzig fühlte er sich recht wohl.

Anfangs hatte er sein Geld auf dem Bau verdient, das war jedoch ziemlich anstrengend. Dann fand er eine Stelle als Kellner in dem Restaurant eines Landsmannes. Alles schwarz natürlich, da er ja keine Arbeitserlaubnis hatte. Sollte man ihn erwischen, musste er mit der erneuten Abschiebung nach Algerien rechnen. Aufpassen war also angesagt. Im Lokal hatte er stets gültige Papiere eines anderen Kellners bei sich, der dort nur wenige Stunden in der Woche aushalf. Für die übrige Zeit hatte er sich französische Papiere fälschen lassen. Die mussten gut sein und waren nicht billig. Zum Einsatz kamen sie allerdings noch nicht. Im Restaurant verdiente er ganz ordentlich. Er lebte sehr sparsam und hatte vor, früher oder später nach Algerien zurückzukehren. Mit den Raubüberfällen hatte er schon seit einiger Zeit Schluss gemacht. Damit hatte er letztlich auch nicht viel eingenommen. Außerdem war es gefährlich und er mit achtunddreißig nicht mehr der Jüngste.

In einem hinteren Regal des Einkaufsmarkts fand er den gesuchten Wodka. Auf dem Weg zur Kasse überlegte er noch mal. 14,99 Euro für eine Flasche war ganz schön viel. Er drehte sich um und sah niemanden. Schon war die Flasche unter seiner Jacke verschwunden. Er verließ den Einkaufsmarkt und war in Gedanken bereits wieder bei dem bevorstehenden Essen, als sich eine Hand auf seine Schulter legte. »Bleiben Sie bitte mal kurz stehen.« Schnell riss er sich los und wollte fliehen, doch der andere stellte ihm ein Bein, sodass er stürzte. Die Wodkaflasche landete auf einem Rasenstück. Wütend warf er sich herum. Es gelang ihm, seinem Gegenüber in den Bauch zu treten. Als der Mann zusammensackte und nach Luft schnappte, wandte sich Sinan zur Flucht. Doch dann zögerte er einen Moment, machte noch mal einen Schritt zurück und schnappte sich die Flasche. Als er sich aufrichtete, um loszurennen, war da plötzlich noch ein anderer Mann, der von der Seite kam. Etwas Hartes traf ihn am Kinn. Er war einen Moment benommen, und als er zu sich kam, hatte man ihm bereits die Hände mit Klebeband hinter dem Rücken gefesselt.

Wegen 14,99 Euro! Und dass sie ihn auch noch mit Klebeband außer Gefecht gesetzt hatten. Mit seinen eigenen Waffen! Sinan trat wütend mit seinem Schuh, aus dem der Schnürsenkel entfernt worden war, gegen die Wand der Arrestzelle. Nach einer Weile beruhigte er sich. Er hatte einen Fehler gemacht. Aber noch war nichts passiert. Nach seinen französischen Papieren war er nicht vorbestraft. Wegen dieser Kleinigkeit würden sie ihn nicht dabehalten.

Als die zwei Polizeibeamten wenig später die Zellentür öffneten, war er sich relativ sicher, dass sie ihn jetzt wieder laufen lassen würden. Er beschwerte sich nochmals lauthals über die unangemessene Behandlung und darüber, dass man ihn wegen einer Bagatelle festhielt. Einer der beiden entschuldigte sich höflich für die Unannehmlichkeiten, der Ermittlungsrichter sei aber nicht früher zu erreichen gewesen. Sie würden ihn jetzt sofort hinfahren.

Der Ermittlungsrichter erklärte ihm, dass es nicht um ein Kavaliersdelikt gehe. Er sei eines räuberischen Diebstahls verdächtig, weil er Gewalt angewendet habe, um im Besitz der gerade gestohlenen Wodkaflasche zu bleiben. Der werde, wie ein Raub, in jedem Fall mit einer Freiheitsstrafe geahndet. Auf die Frage von Sinan, ob er jetzt freikomme, räusperte sich der Richter und wies darauf hin, dass es ein kleines Problem mit seinen Papieren gebe. Er ordnete Untersuchungshaft an und meinte, ein Blick aus dem Fenster müsse für die nächste Zeit reichen. Sinan war sofort hellwach. Wenn sie seine wahre Identität herausfanden, gab es eine höhere Strafe (da er einschlägig vorbestraft war) und danach würden sie ihn sicher abschieben. Wachsam beobachtete er die Beamten, die ihn zur erkennungsdienstlichen Behandlung (Fingerabdrücke, Speichelprobe etc.) und anschließend in die Untersuchungshaftanstalt fuhren. Eine Chance zur Flucht erhielt er nicht. Sie waren immer mindestens zu zweit, kräftig und einen Kopf größer als er. Außerdem trugen sie Turnschuhe.

Das Interessante und das Langweilige am Sitzungsdienst

Mitte März bekam ich meinen ersten »Ritterschlag«. Ich erhielt das »kleine Zeichnungsrecht«. Nunmehr durfte ich meine Akten selbstständig, ohne Gegenzeichnung von Jens, bearbeiten. Nur Anklagen, Strafbefehle oder Verfahrenseinstellungen musste ich weiterhin Jens vorlegen. Ich war darüber recht glücklich, da es eine erhebliche Arbeitserleichterung bedeutete. Die Aktenbearbeitung ging jetzt deutlich schneller.

Auch an die Sitzungsvertretung in den Strafverhandlungen hatte ich mich mehr als nur gewöhnt. Es war eine willkommene Abwechslung zu der sonst eher monotonen Schreibtischarbeit, irgendwie das Salz in der Suppe. Meist wurden mehrere kleine Verfahren an einem Sitzungstag verhandelt. Manchmal gab es aber auch größere Fälle, die sich über Tage hinzogen.

Ende März musste ich für einen Kollegen zwei Hauptverhandlungstermine eines solchen »Mammutverfahrens« wahrnehmen. Telefonisch versicherte er mir, dass ich im Wesentlichen nur herumsitzen müsse, da ein »Konfliktverteidiger« in der Verhandlung sein Unwesen treibe. Auf meine Nachfrage erklärte er nur kurz, dass ich alles Weitere schon selbst mitbekommen würde. Aus der Handakte konnte ich ersehen, dass es sich um ein Verfahren gegen

Drogendealer handelte. Nicht die Leute, die in der U-Bahn oder gelegentlich im Park standen und verkauften, sondern schon etwas weiter oben in der Kette.

Ihr Revier war einer der größeren Parks in Berlin. Als »Operationsbasis« benutzten sie die Wohnung eines deutschstämmigen Drogenabhängigen, Bernd K. Er stellte seine Wohnung zur Verfügung und erhielt dafür täglich seine Drogenration und 10 Euro. In der Wohnung ging die Bande ein und aus. Größere Mengen an Drogen wurden dort in kleinste Kügelchen verpackt und anschließend in den Park zum Verkauf gebracht, wobei auch Bernd K. half. Der Drogenhandel im Park war natürlich kein Geheimnis und auch der zuständigen Polizeidirektion bekannt. Diese hatte ebenso wie andere Polizeidienststellen erhebliche Personalprobleme. Es gab viel zu wenige Polizeibeamte für viel zu viele Straftaten. Die Beamten versuchten im Wechsel, so gut es ging, das Geschehen im Park im Auge zu behalten. Sie wussten, dass es nicht viel brachte, einen Dealer mit drei bis fünf Kügelchen zu erwischen. Die dafür zu erwartende Strafe war viel zu gering. Am Tag darauf würde ein anderer Dealer seinen Platz einnehmen.

Zu der Zeit war der Drogenabsatz im Park fest in arabischer Hand. Und so fiel den Beamten der deutschstämmige Drogenabhängige auf, der mehrmals täglich die Dealer »besuchte«. Sie beobachteten ihn und bemerkten den regen Publikumsverkehr in seiner Wohnung. Nach mehreren Tagen Observation warteten sie auf eine günstige Gelegenheit. Als Bernd K. allein zu Hause war und es ihnen gelang, einen größeren Teil der Beamten der Polizeidirektion zusammenzuziehen, klingelten sie bei ihm. Kaum hatte er geöffnet, drangen sie in die Wohnung, verschlossen die Tür und warteten auf die Bandenmitglieder. Der Fehler war, dass sie keinen richterlichen Durchsuchungsbeschluss erwirkt hatten. Die Unverletzlichkeit der Wohnung stellt ein hohes Rechtsgut dar, in das nur mit richterlicher Genehmigung eingegriffen werden darf. Eine Ausnahme gilt in besonderen Eilsituationen, wenn der Richter nicht mehr rechtzeitig informiert werden kann. Dies war hier sicherlich nicht der Fall, da die Beamten die Wohnung schon mehrere Tage im Visier hatten.

In der Wohnung fanden die Beamten das typische Werkzeug für das Verschneiden und Verpacken der Drogen. Kurze Zeit später erschienen die ersten beiden Bandenmitglieder. Sie hatten sich per Handy angekündigt und Bernd K., neben dem Polizeibeamte standen, hatte versichert, dass »alles in Ordnung« sei. Die Besucher wurden an der Wohnungstür überwältigt. Sie hatten einen hohen vierstelligen Eurobetrag in szenetypischer Stückelung dabei, also Hartgeld und kleine Scheine (nicht größer als Zehn-Euro-Scheine). Abwechselnd klingelten die Handys der beiden, die routinemäßig die Lage in der Wohnung überprüfen sollten. Schließlich zwangen die Beamten sie, sich am Telefon zu melden. Doch zu spät – die Anrufer, die ständig untereinander Kontakt hielten, wussten schon Bescheid. Es kam niemand mehr mit Drogen in die Wohnung.

Die Wohnungsdurchsuchung ohne richterlichen Beschluss stellte einen schweren Verfahrensverstoß dar. Er hatte zur Folge, dass deren Ergebnisse nicht gegen die Beschuldigten verwendet werden durften. Dies galt aber nicht für die sonstigen Verdachtsmomente, so zum Beispiel die gestückelten Geldbeträge, die ein wichtiges Indiz für den Drogenhandel darstellten. Erschwerend kam hinzu, dass

Bernd K. gegenüber der Polizei alles gestanden hatte. Dies war alles verwertbar und konnte unter Umständen für eine Verurteilung reichen.

Nach angloamerikanischem Recht hätte es für die Beschuldigten deutlich besser ausgesehen. Ohne die rechtswidrige Durchsuchung der Wohnung wären die Beamten wahrscheinlich nicht an das auffällig gestückelte Geld und vor allem nicht an die geständige Einlassung von Bernd K. gelangt. Daher könnte man diese Beweismittel, »Früchte des verbotenen Baumes«, in den USA nicht verwerten. Diese strenge Ahndung von Regelverstößen der Polizei basiert auf der Annahme, man könne Polizeibeamte anders nicht wirkungsvoll von solchen rechtswidrigen Methoden abhalten. In Deutschland ist dies jedoch anders. Der Bundesgerichtshof hat in mehreren Entscheidungen ausgeführt, dass eine dienstrechtliche Konsequenz (z.B. Abmahnung, im Wiederholungsfalle sogar drohende Entlassung) für die entsprechenden Beamten ausreicht. Es sei nicht angemessen, deshalb den gesamten Strafprozess lahmzulegen.

Der Fall gewann weitere Brisanz, da mittlerweile zwei der ermittelnden Polizeibeamten vorläufig vom Dienst suspendiert waren. Der Tatvorwurf lautete auf Drogenhandel.

Das Gericht wollte eigentlich nur sieben Zeugen vernehmen und hatte insgesamt drei Verhandlungstage anberaumt. Dies war aber nicht zu schaffen, da der »Konfliktverteidiger« ständig neue Fragen an den ersten Zeugen hatte. Aufgrund von Terminüberschneidungen mit weiteren anberaumten Strafverhandlungen musste das Gericht den Prozess deshalb nochmals von vorn aufrollen. Er lief mittlerweile über zwei Monate, wobei pro Woche zwei Verhandlungstage von 9:00 bis 15:30 Uhr angesetzt waren. In der Hauptverhandlung sah es dann so aus, dass der Verteidiger (aus meiner Sicht) jede Menge belanglose Fragen an den Zeugen stellte. Wenn sich der Vorsitzende des Gerichts nach dem Sinn der Frage erkundigte, antwortete der Verteidiger barsch, dass er nicht in seiner Vernehmung des Zeugen gestört werden wolle und alle Fragen einen tieferen Sinn ergäben. Das würde sich später zeigen. Schließlich reichte es dem Vorsitzenden, und er wies eine Frage des Verteidigers an den Zeugen zurück. Der Verteidiger gab sich empört und fing an zu diskutieren. Schließlich beantragte er einen Gerichtsbeschluss. Das Gericht (Richter und Schöffen) zog sich zur Beratung zurück. Kurze Zeit später wurde die Frage durch Gerichtsbeschluss zurückgewiesen. Der Verteidiger war außer sich und beantragte eine kurze Unterbrechung. Er wolle eine Gegenvorstellung einreichen und müsse diese erst mit den Angeklagten besprechen. Das Gericht gab ihm fünfzehn Minuten. Anschließend beriet es über die Gegenvorstellung und verwarf sie. Der Verteidiger spielte den Geschockten und bat um eine kurze Unterbrechung, da er die Richter wegen Befangenheit ablehnen wolle. Dazu müsse er sich wieder mit den Angeklagten besprechen. Genervt gewährte das Gericht eine weitere Unterbrechung von zwanzig Minuten. Als die Zeit um war, erklärte der Verteidiger, dass er den Ablehnungsantrag auf seinem Laptop geschrieben habe und sein Drucker nicht funktioniere. Der Laptop lasse sich leider nicht an andere Drucker im Hause anschließen. Er brauche nochmals zwanzig Minuten, um den Antrag per Hand abzuschreiben. Auch dieser Antrag wurde nach kurzer Beratung des Gerichts zurückgewiesen. Der Verteidiger meinte, er verstehe jetzt die Welt nicht mehr und wolle eine Gegenvorstellung bringen. Die müsse er aber erst mit den

Angeklagten besprechen, was sicherlich zwanzig Minuten in Anspruch nehmen werde. Als schließlich auch diese abschlägig beschieden wurde, erklärte der Verteidiger unbeeindruckt, dann könne er wohl nichts machen. Und stellte die nächste Frage. Das Spiel begann von Neuem.

Um 15:30 Uhr ging der Sitzungstag zu Ende und in den sechseinhalb Stunden war wirklich nichts passiert. Ich bewunderte die Richter, wie sie die ganze Zeit über äußerlich gelassen geblieben waren. Empört fragte ich mich, wie lange der Verteidiger wohl den Zeugen noch befragen wollte. Eine Woche oder sogar zwei?

Zum Glück musste ich diese Termine nicht mehr absitzen. Für die folgende Woche wurden mir andere Fälle zugeteilt. Im ersten Verfahren (unerlaubter Waffenbesitz) erschien der wichtigste Zeuge nicht, sodass ein neuer Termin notwendig war. Der zweite (gefährliche Körperverletzung) endete schnell, da der Angeklagte ein Geständnis ablegte. Beim dritten Fall handelte es sich um sexuelle Belästigung. Tatort war die Damentoilette des Arbeitsamtes Berlin-Reinickendorf. Dort sind die einzelnen Abteile durch ungefähr 2,30 Meter hohe Trennwände voneinander abgegrenzt. Darüber sind es nochmals etwa 1,50 Meter bis zur Decke. In der mittleren Kabine hatte sich eine etwa fünfundvierzigjährige Frau auf die Toilette gesetzt. Kurze Zeit später ging eine männliche Person in die rechte Kabine. Der Mann stellte sich auf die Toilettenschüssel und zog sich mit den Händen vorsichtig die Trennwand hoch, sodass sie ihm nur noch bis zum Gürtel reichte. Er beugte sich leise zu der Frau hinunter, die nichts bemerkte. Dann strich er ihr vorsichtig über die Wange und raunte: »Du geile alte Sau!« Die Frau rannte schreiend aus der Damentoilette und musste sich später in psychiatrische Behandlung begeben. Der Mann verschwand spurlos, jedoch gelang es der Spurensicherung, im oberen Bereich der Trennwand auf beiden Seiten identische Fingerabdrücke festzustellen. Die Überprüfung ergab einen Treffer, der Täter war bereits wegen sexueller Belästigung in einem Zugabteil der Deutschen Bahn vorbestraft. Der Angeklagte ließ sich über seine Verteidigerin dahingehend ein, dass er in den letzten Monaten mehrmals die Damentoilette des Arbeitsamtes aufgesucht habe, da die Herrentoilette immer überfüllt sei. Ihm sei wohl auch mal schlecht geworden, sodass er sich an der Wand abstützen musste. Für den Richter war das zu viel Zufall (mehrfach überfüllte Herrentoilette; mehrfach in die Damentoilette gegangen und zwei Mal oben – in zwei Metern Höhe! – Abstützen wegen Übelkeit). Hinzu kam, dass nach Aussage des Reinigungspersonals die Trennwände auch im oberen Bereich wöchentlich gründlich gereinigt wurden. Die einschlägige Vorstrafe war ebenfalls nicht hilfreich, um eine Verurteilung zu verhindern.

Unangenehme Überraschungen

Sinan befand sich seit zwei Wochen in Untersuchungshaft in Leipzig, als der Ermittlungsrichter ihn wieder vorführen ließ: »Entschuldigen Sie, dass ich Sie beim letzten Mal mit falschem Namen angeredet habe. Aber erst seit der Auswertung der erkennungsdienstlichen Maßnahmen wissen wir, dass Sie Sinan H. sind. Das wird die Strafe für den räuberischen Diebstahl aufgrund der Vorstrafe sicherlich etwas erhöhen. Und dann haben Sie noch eine lange Reise vor sich.« Sinan war schon in den letzten Tagen klar geworden, dass sie seine Identität herausfinden konnten. Nach der Verbüßung der Strafe würde er wieder in Algerien landen. »Wann werde ich ungefähr abgeschoben?«, fragte er den Ermittlungsrichter. »Das kann ich nicht sagen. Mit der langen Reise meinte ich auch eher Chemnitz und Berlin. Ich habe noch zwei Haftbefehle für Sie. In beiden Städten will man gegen Sie wegen besonders schweren Raubes verhandeln. Mindeststrafe jeweils fünf Jahre.« Sinan starrte ihn mit offenem Mund an. Von dem Inhalt der Haftbefehle bekam er kaum etwas mit. Der Schock erwischte ihn mit voller Wucht. An die Fälle konnte er sich nur dunkel erinnern. Wie sie gerade auf ihn kamen, war ihm ein Rätsel. Die anderen Mittäter waren bisher nicht belangt worden. Das wusste er genau.

Der Transport von Häftlingen kann eine langwierige Sache sein. Soll ein Häftling beispielsweise von Chemnitz nach Berlin verschoben werden, so wird er nicht sofort mit einem Fahrzeug und Bewachern losgeschickt. Vielmehr gibt es in regelmäßigen Abständen Sammeltransporte zwischen den einzelnen Haftanstalten. Alles andere würde zu viel Personal für die Bewachung erfordern. So kann beispielsweise die Reise eines Häftlings von Chemnitz nach Berlin über Leipzig und Brandenburg gehen und durchaus zwei Wochen dauern.

Sinan grübelte in seiner Zelle. Zuerst musste er hier die Hauptverhandlung wegen der Wodkaflasche abwarten. Nach seiner Verurteilung ging es nach Chemnitz und Berlin. Er wusste nicht, was sie nach all dieser Zeit gegen ihn in der Hand hatten, aber es drohten in jedem Fall sehr hohe Strafen. Es war Zeit, sich abzusetzen. Er hatte einen ganz ordentlichen Geldbetrag zur Seite gelegt. Nicht so viel, wie er gehofft hatte. Für einen Neuanfang in Algerien aber musste es reichen. Hatte er es dorthin geschafft, würden sie ihn nicht mehr finden. Die nächsten zehn Jahre würde er jedenfalls nicht in Haft sitzen. Er musste zu Verhandlungen bei drei Gerichten und hatte zwei längere Transporte vor sich. Irgendwo würde sich die Möglichkeit zur Flucht ergeben. Er musste wachsam sein und im richtigen Moment explodieren. Mit einer zweiten Chance konnte er nicht rechnen.

Wenige Tage später stellte sich ein Rechtsanwalt bei Sinan als sein Pflichtverteidiger vor. Er übernehme jetzt den Fall.

Die Strafprozessordnung verlangt zwingend, dass ein Angeklagter durch einen Verteidiger vertreten wird, wenn zum Beispiel eine Freiheitsstrafe von einem Jahr droht oder der

Angeklagte sich bereits längere Zeit in Haft befindet beziehungsweise sich aus anderen Gründen nicht selbst hinreichend verteidigen kann. Hat der Angeklagte kein Geld für einen eigenen Verteidiger, so wird ihm ein Pflichtverteidiger vom Gericht beigeordnet, den der Staat vergütet. Zwar muss der Angeklagte im Falle der Verurteilung die Kosten des Strafverfahrens tragen. Sehr oft gibt es da aber nichts zu vollstrecken.

Haftakten und ihre Folgen

Ende März kündigten sich Neuigkeiten in unserer Abteilung an. Anna, wie ich auf Probe zur Staatsanwaltschaft abgeordnet, sollte nach über einem Jahr jetzt zu einem Gericht wechseln. Dafür sollte uns eine andere Proberichterin für zwölf Monate zugeteilt werden.

Ich hatte in diesen Tagen eine ganze Menge zu tun, da ich ein neues Ermittlungsverfahren mit zwei Beschuldigten aus Berlin-Neukölln zugewiesen bekommen hatte, die bereits in Untersuchungshaft saßen. In solchen Fällen muss sehr zügig ermittelt und möglichst schnell angeklagt werden. Die Strafprozessordnung schreibt vor, dass spätestens nach sechs Monaten die Anklage erhoben sein und das zuständige Gericht mit der Hauptverhandlung begonnen haben muss. Andernfalls droht die Freilassung der Beschuldigten. Nicht viel Zeit für den ermittelnden Staatsanwalt, zumal auch das zuständige Gericht einen Terminkalender hat und laufende Verfahren nicht einfach abbrechen kann.

Zudem bedeuten Untersuchungshäftlinge für den ermittelnden Staatsanwalt viel zusätzlichen Aufwand. So obliegt ihm zum Beispiel die Kontrolle der Briefe, die der Häftling nach draußen an Verwandte und Freunde verschicken will. Diese Briefe müssen durchgelesen werden. In der Untersuchungshaftanstalt Moabit sind die Untersuchungshäftlinge in sehr kleinen Zellen eingeschlossen. Teilweise können die

Häftlinge sich für zwei Stunden in einem begrenzten Bereich zwischen den Zellen hin und her bewegen oder sich in eine andere Zelle zu einem Gesprächspartner einschließen lassen. Den Rest des Tages verbringen sie allein oder – was die Regel ist – bei Mehrfachbelegung mit den Mithäftlingen in der Zelle.

Außerdem haben die Untersuchungshäftlinge eine Stunde täglich Freigang auf einem Innenhof der Vollzugsanstalt, wo sie beispielsweise, umgeben von Betonwänden, im Uhrzeigersinn ihre Runden um zwei Bänke drehen können. Dies ist eine wichtige Möglichkeit der Kontaktaufnahme zu anderen Personen, die aber manchmal beschränkt wird. Insbesondere dann, wenn Verdunklungsgefahr besteht und zu befürchten ist, dass der Beschuldigte auf gleichfalls inhaftierte Mittäter, Anstifter oder Beihelfer der Straftat einwirken will, um die weitere Aufklärung der Tat zu verhindern. Es gilt auch, die Möglichkeiten der Kontaktaufnahme zu unbekannten Komplizen außerhalb der Haftanstalt einzuschränken. Diese könnten Tatwerkzeuge verstecken, die gesuchte Beute verschwinden lassen oder vielleicht sogar Zeugen bedrohen oder bestechen.

Alle Beteiligten wissen, dass die Untersuchungshaft in Moabit viel schlimmer als die eigentliche Strafhaft ist, die gewöhnlich in anderen Gefängnissen, zum Beispiel in der Justizvollzugsanstalt Tegel, vollzogen wird. Fast jedes Jahr gibt es in der Justizvollzugsanstalt Moabit mehrere Selbstmorde unter den Häftlingen. Es erfolgte wohl mal eine interne Anweisung, wonach nur noch »außergewöhnliche Fälle« der Öffentlichkeit mitgeteilt werden sollten. Aber die Presse bekam bald Wind davon und protestierte heftig.

Die unerträgliche Situation in der Untersuchungshaft

wirkt sich direkt auf die Menge und Länge der geschriebenen Briefe aus. Sie sind eine der wenigen Möglichkeiten, der Enge der Mauern, der Einsamkeit und dem psychischen Druck ein wenig zu entfliehen. Für den ermittelnden Staatsanwalt gibt es also eine Menge Gefangenenbriefe zu lesen. Will der Beschuldigte Informationen nach draußen schaffen, um Beweise zu vertuschen oder sogar seine Flucht vorzubereiten? Sind die Briefe in ausländischer Sprache geschrieben, müssen sie zunächst von einem Dolmetscher übersetzt werden, um eine Kontrolle zu ermöglichen. Natürlich kann der Staat nicht jeden Tag fünf lange Briefe eines Beschuldigten übersetzen lassen. Die verursachten Kosten wären zu hoch. Eine akzeptable Lösung zu finden ist schwer. Häufig beantragt der Beschuldigte bei einer Ablehnung dann eine Ausnahmegenehmigung oder beschwert sich. Nicht selten mit Erfolg. Die Gerichte prüfen dann im Einzelfall, wie viele Briefe es täglich sind, ob sie an Familienangehörige gerichtet sind oder was der Beschuldigte sonst an Gründen vorträgt.

Die beiden Neuköllner Jungs aus meinem neuen Ermittlungsverfahren waren für ihr noch recht junges Alter von 22 Jahren schon ziemlich abgebrüht. Sie hatten einen knallharten Banküberfall durchgeführt. Morgens fingen sie die erste Angestellte am Hintereingang der Bank ab und zwangen sie mit vorgehaltener Pistole, einer Attrappe, die Zahlenkombination zum Öffnen der Tür einzugeben. Die Banken sind auf solche Überfälle jedoch vorbereitet. In dem Moment, als die Täter die Angestellte durch die sich öffnende Tür in die Bank schoben, lag bei der nächsten Polizeidienststelle bereits ein stummer Alarm vor. Während einer der Täter oben an der Tür blieb und einen Angestellten nach dem anderen mit der Waffe in Empfang nahm und in Schach hielt, zwang der andere die Bankangestellte unten im Tresorraum mit vorgehaltener Pistolenattrappe und brutalen Schlägen mit einem Schlagstock zur Öffnung des Tresors. Dann gab es oben an der Hintertür Probleme. Ein Postbote hatte geklingelt und wurde von dem Täter unter Waffenandrohung aufgefordert hereinzukommen. Das tat er auch, fing aber sofort an, mit dem Täter zu ringen, obwohl der ihm dabei die ganze Zeit die Pistole vors Gesicht hielt und rief: »Ich schieße!« Kämpfend gelangten beide auf den Innenhof. Später gab der Postbote an, dass er die Pistole zwar nicht als Attrappe erkannt, es aber nicht für möglich gehalten habe, dass der Täter so dreist sein und schießen würde.

Dem anderen Täter gelang es, 80 000 Euro aus dem Tresor zu nehmen, in einer Plastiktüte zu verstauen und zur Eingangstür zu rennen. Dort wurde er von der Polizei in Empfang genommen. Wenig später war auch sein Kompagnon auf dem Innenhof gefasst. Bei einer Wohnungsdurchsuchung – beide lebten noch bei ihren Eltern – fand man in ihren Zimmern Prospekte für ein BMW Cabriolet zu einem Kaufpreis von 37 000 Euro.

Die beiden waren für die Polizei keine Unbekannten. Zu ihrer Person fanden sich Einträge wie Diebstahl, räuberische Erpressung und räuberischer Angriff auf Kraftfahrer im Bundeszentralregister. Diese Taten waren aber alle unter das Jugendstrafrecht gefallen, das bei Tatbegehung vor Vollendung des achtzehnten Lebensjahres immer und bis zum Erreichen des 22. Lebensjahres meistens zur Anwendung kommt. Die verhängten Sanktionen waren Weisungen, Jugendarrest und schließlich auch eine Jugendstrafe, deren Vollstreckung zur Bewährung ausgesetzt worden war.

Die Bestrafung Jugendlicher und Volljähriger bis zur Vollendung des 21. Lebensjahres (zwischen 18. und 21. Lebensjahr spricht man von Heranwachsenden) wirkt auf Außenstehende oft zu milde und lasch. Das zugrunde liegende Konzept ist aber unbestreitbar richtig. Im Vordergrund steht der Gesichtspunkt, dass das Urteil gegen den Jugendlichen vor allem eine Erziehungsmaßnahme darstellt. Es gilt, dort weiterzumachen, wo Eltern oder hilfreiche Institutionen, wie zum Beispiel gemeinnützige Vereine und schulische Einrichtungen, die Jugendlichen nicht mehr erreichen können. Es ist nicht nach der schuldangemessenen Strafe zu suchen, sondern danach, durch welche Maßnahmen die noch formbare Seite des jungen Menschen am besten angesprochen werden kann. Immer wieder müssen Jugendstaatsanwälte und Jugendrichter dabei über ihren Schatten springen und dem jungen Angeklagten noch eine Chance geben. Oft ist es auch schon die zweite oder dritte. Da, wo eine harte Strafe die logische Konsequenz zu sein scheint und jede Milde auf Unverständnis bei den Opfern stößt, muss der Jugendrichter sich unerschütterlich in seinem Glauben an das Gute und Wertvolle in jeder einzelnen jungen Persönlichkeit zeigen. Auch bei schweren Straftaten und entsprechenden Vorstrafen fragen sich Jugendstaatsanwalt und Jugendrichter dreimal, ob eine Jugendstrafe verbüßt oder deren Vollstreckung nicht doch zur Bewährung ausgesetzt werden kann. Besteht die Möglichkeit, dass der junge Mensch vielleicht noch ohne Freiheitsentzug seinen Weg ins bürgerliche Leben findet? Wird er in der Jugendhaftanstalt nicht erst recht an ein kriminelles Leben gewöhnt? Würde er seine Lehrstelle verlieren oder daran gehindert, eine solche anzutreten? Der Jugendrichter ist von Berufs wegen Optimist und es kann für ihn nie ein »Ende der Geduld« geben. Allerdings wird diese »Geduld« nirgendwo in der Bundesrepublik so sehr auf die Probe gestellt wie in Berlin mit seinen Problembezirken und unglaublich brutalen Jugendbanden. Der Vollzug von Jugendstrafe lässt sich da nicht immer vermeiden, aber der Richter muss es als Niederlage empfinden. Er verkündet ein Versagen, das schon bei den Eltern beginnt.

Das deutsche Jugendstrafrecht ist vor diesem Hintergrund und im Rahmen seiner Möglichkeiten sehr erfolgreich. Die Rückfallquote einmal sanktionierter Jugendlicher oder Heranwachsender liegt bei unter 5 Prozent. Utopie wäre es jedoch zu glauben, dass jeder straffällige Jugendliche oder Heranwachsende vor einer kriminellen Karriere bewahrt werden kann. Trotzdem kämpfen die Jugendgerichtshilfe, Jugendstaatsanwälte und Jugendrichter jeden Tag dafür. Bei den beiden Bankräubern hatte es leider nichts genützt. Ihnen würde nun ein anderer Wind entgegenwehen. Die gesetzliche Mindeststrafe für den Banküberfall lag bei fünf Jahren Freiheitsstrafe.

Ich hatte den Inhalt der Anklage bereits mit Jens abgesprochen. Sie musste wegen der hohen Straferwartung vor der Großen Strafkammer des Landgerichts Berlin erhoben werden. Das war in einer Buchstabenabteilung schon etwas Besonderes. Wir gingen sie Punkt für Punkt durch. Jens meinte, dass jeglicher Fehler bei dieser schweren Anklage unbedingt vermieden werden müsse. Sonst gäbe es mit Sicherheit einen »Extratermin« bei Dr. Ring.

Am nächsten Tag stellte ich die Anklageschrift fertig. Nur noch die Gegenzeichnung fehlte. Jens war jetzt jedoch für zwei Wochen im Urlaub, sodass ich Jörg die Anklage vorlegen musste. Der befand, dass sie nochmals neu formuliert werden müsse, da es sich nicht um einen schweren Raub, sondern eine räuberische Erpressung handle. Die Abgrenzung zwischen diesen beiden Straftatbeständen ist einer der umstrittensten Bereiche des Strafrechts. Ich war mir ziemlich sicher, dass ein Raub vorlag und wies darauf hin, dass der Fall mit Jens abgesprochen sei. Das interessierte Jörg jedoch nicht. Dann müsste ich eben bis zur Rückkehr von Jens warten. Das aber konnte ich nicht, da es eine dringende Haftsache war, und ohne Gegenzeichnung konnte ich keine Anklage erheben. Schließlich lenkte Jörg etwas ein und meinte, dass wir den Abteilungsleiter, Herrn Berndt, konsultieren könnten. Der reagierte auf diese fachliche Frage jedoch äußerst ungehalten: Das sei keine Sache, womit man einen Abteilungsleiter behelligen sollte. Wir hätten das unter uns zu klären. Ich war etwas verwundert über die schroffe Reaktion von Herrn Berndt. Zwar hatte er sich auch sonst bei Antworten zurückgehalten und war oft auf seine alten Fälle oder Urlaubserlebnisse ausgewichen. Diesmal war er jedoch richtig verärgert und hielt mir die Sache noch wochenlang vor. Als Jens später aus dem Urlaub zurückkam, erklärte er mir, dass Herr Berndt nicht mehr lange bis zur Pensionierung habe und die letzten Jahre überwiegend mit Verwaltungsangelegenheiten beschäftigt gewesen sei. In bestimmten Einzelfällen des Strafrechts sei er nicht mehr hundertprozentig fit und fürchte, sich mit einer falschen Antwort eine Blöße zu geben.

Nachdem Herr Berndt sich herausgehalten hatte, schilderte ich bei der Kaffeerunde am nächsten Morgen Gerlinde und Mona den Fall. Beide plädierten auf Raub und so konnte ich schließlich Jörg umstimmen. Er zeichnete die Anklageschrift gegen.

Froh und erleichtert wandte ich mich, nachdem die letzten Besucher unser morgendliches Café Jura verlassen hatten, meinem täglichen Aktenstapel zu. Der Kriminalitätsalltag einer Millionenmetropole. Was lag heute an? Die Stimmung konnten die Strafakten schon kraft ihrer Natur nicht aufhellen. Beim Lesen der zweiten Akte war die Laune aber wieder mal endgültig im Keller.

Es ging um einen kleinen Fernsehreparaturdienst namens Schulz. Ein ordentlich geführtes Geschäft in einem Wohnviertel. Meister Schulz trat in den verdienten Ruhestand und verkaufte den kleinen Laden an Hamsa C. Wie sich aus der Akte ergab, hatte weder dieser noch sein »Mitarbeiterstab« Ahnung von der Reparatur elektronischer Geräte. Hamsa C. ließ kleine Werbekärtchen in Briefkästen werfen, abgedruckt war eine Deutschlandfahne, er selbst gab sich als »Meister Schulz« aus. Es lagen zahlreiche Betrugsanzeigen vor, wonach Vorschusszahlungen entgegengenommen, an den Geräten jedoch nie Reparaturen ausgeführt worden waren. Nirgendwo in der umfangreichen Akte (sie umfasste sechs Bände) war ein Fall zu finden, wo eine Reparatur auch nur in Ansätzen erfolgreich gewesen wäre. Insofern war es keine ungewöhnliche Betrugsakte. Übelkeit kam jedoch auf, wenn man las, wie sich »Meister Schulz« gegenüber älteren Kunden (meist Rentnern jenseits der 70) verhalten hatte. Er hatte dann eine unglaubliche »Fürsorglichkeit« an den Tag gelegt. Etwa gegenüber der 91-jährigen Rentnerin, deren Fernbedienung für den Fernseher plötzlich nicht mehr funktionierte. Da das Geschäft von »Meister Schulz« gleich im Nachbarhaus war, begab sie sich in den Laden.

»Meister Schulz« sah die Fernbedienung in der Hand der alten Frau und konnte schon per Ferndiagnose erkennen, dass der Fernseher kaputt war und es am besten war, wenn er gleich mit in die Wohnung kam. Dort erklärte er nach einem Blick auf den Fernseher, dass dieser sofort ausgetauscht werden müsse. Er sei nicht mehr zu reparieren. »Meister Schulz« versprach, einen neuen Apparat zu besorgen. Wenig später stellte er der Rentnerin ein neues Gerät aus einem Elektrogroßmarkt, wo es etwa 700 Euro kostete, für 2800 Euro hin. Aber damit war das segensreiche Wirken von »Meister Schulz« noch nicht beendet. In überraschtem Ton berichtete er der alten Frau, dass die Waschmaschine einen Blitzschlag abbekommen habe und umgehend ausgetauscht werden müsse. Auch diesmal lieferte er ein ähnliches »Schnäppchen«. Als die alte Dame per Überweisung bezahlen wollte, forderte »Meister Schulz« das Geld sofort in bar. Widerworte ließ er nicht zu. Die 91-Jährige meinte hilflos, dass sie in der Wohnung nur noch ihren Notgroschen aufbewahre, der für ihre Beerdigung vorgesehen sei. Außerdem sei sie aufgrund ihres Alters nicht mehr in der Lage, das Bargeld abzuzählen. Das übernahm »Meister Schulz« nun wieder gerne! Wie sicher nicht überrascht, musste er feststellen, dass noch 200 Euro auf den Kaufpreis fehlten. Glücklicherweise konnte »Meister Schulz« sofort eine Lösung präsentieren. Er fuhr sein Opfer mit seinem Pkw zur Sparkasse, wo er der Frau am Geldautomaten beim Abheben der 200 Euro half. Erst viel später wurde ihr mitgeteilt, dass nicht 200, sondern 1000 Euro entnommen worden waren. Kurz darauf gingen weitere 5000 Euro per Überweisung vom Konto der alten Frau für eine Kücheneinrichtung ab. Das Geld landete auf dem Konto des Vaters von »Meister Schulz«. Eine Kücheneinrichtung wurde niemals geliefert.

Beinahe erleichtert stellte ich fest, dass die »Serviceleistung« für die Rentnerin schließlich ein Ende gefunden hatte. Nachdem ich über zwei, drei weitere Opfer des Fernsehdienstes gelesen hatte, ließ ich erst mal frische Luft ins Zimmer. Irgendwie sah ich das Bild einer riesigen Wanderheuschrecke vor mir. Gab es wirklich Täter, die noch ruhig schlafen konnten, nachdem sie derart wehr- und schutzlosen alten Mitmenschen das letzte Geld für die Beerdigungskosten abgenommen hatten? Gab es nicht ein absolutes Mindestmaß an Erbarmen und Mitleid, das einem irgendwann Einhalt gebietet? Gab es keine »Verbrecherehre« und Grenzen der Skrupellosigkeit? So naiv diese Fragen wirken mögen, viel erschütternder waren die Antworten, die mir in Form von staatsanwaltschaftlichen Ermittlungsakten um die Ohren geschlagen wurden. Akten, welche alle Dimensionen menschlicher Bosheit offenbarten. Die beim Lesen den Klang eines Trauermarsches heraufbeschworen, der Tag für Tag die Räume des Kriminalgerichts durchzog.

Beim Mittagessen erzählte ich Gerlinde und Mona von dem Fall – irgendwie wusste ich schon, dass ihnen der Appetit nicht vergehen würde. Mit Appetitlosigkeit hatte ich selbst aber auch nicht zu kämpfen, ich war da gut vorbereitet. Schließlich ist mein Vater Toxikologe in der Rechtsmedizin. Des Öfteren drehte sich mittags bei uns zu Hause das Gespräch um gewisse pathologische Themen. Leichen zum Beispiel sind nicht einfach nur tot. Dort ist auch noch sehr viel Leben, insbesondere im Sommer.

Wir saßen in der Kantine im fünften Obergeschoss des C-Baus, einem der zahlreichen Anbauten des Kriminalgerichts. Es gibt noch eine weitere Kantine, ganz unten im Altbau. Früher, als Staatsanwälte, Richter, Verteidiger und

Angeklagte ihre Tomahawks vor dem Eingang der Kantine begruben und drinnen in den verqualmten riesigen Hallen gemeinsam aßen und auch mal zechten, war das die einzige Restauration. Sie war viel größer als heute, wo orange Plastikstühle auf Linoleumboden stehen und von fahlem Neonlicht beleuchtet werden. Vor allem Zeugen und Angeklagte, manchmal auch Verteidiger verkehren hier. Die alteingesessenen Richter und Staatsanwälte essen gewöhnlich in der anderen Kantine oben im C-Bau. Es gibt sogar eine ungeschriebene Sitzordnung. Als ich einmal mit Oberstaatsanwalt Berndt die Kantine betrat, ging ich ein Stück vor und setzte mich an einen schönen Tisch am großen Panoramafenster mit Blick über die Dächer. Oberstaatsanwalt Berndt kam verdutzt hinter mir her: »Wollen Sie etwa hier bei den Wachtmeistern Platz nehmen?« Ich sah mich um und konnte keinen Wachtmeister entdecken. Mein Abteilungsleiter erklärte mir, dass die Richter und Staatsanwälte immer im rückwärtigen Teil der Kantine sitzen. Er wollte dorthin, um Kollegen zu treffen. Ich kam mit, obwohl die Gerichtswachtmeister aus meiner Sicht eindeutig die besseren Plätze hatten.

Gerlinde und Mona schauten mich fragend an. Sie fanden den Fall mit dem Fernsehreparaturdienst auch ziemlich mies. Gerlinde meinte, »Meister Schulz« müsse ein riesiges A...... sein. Sie wollten wissen, ob ich ihn »drankriegen« konnte. Bei wirklich niederträchtigen Taten das Verfahren einstellen zu müssen, da einfach nicht genügend Beweismittel für eine Verurteilung zu finden sind, ist eine bittere und deprimierende Erkenntnis, die Staatsanwälte regelmäßig ereilt. Ich erwiderte zögernd, dass es für eine Verurteilung wohl reichen würde. Insgesamt sah die Beweislage aber alles andere als gut aus. »Meister Schulz« agierte häufig gar nicht selbst. So erzählten die Zeugen oft von Tätern mit polnischem oder rumänischem Akzent. Manchmal sei sogar ein Afrikaner für »Meister Schulz« gekommen. Die ausgetauschten Geräte der Opfer waren alle verschwunden, sodass man nicht sagen konnte, ob sie wirklich defekt gewesen waren. Die Erinnerungen der oft hochbetagten Zeugen waren meistens dürftig. Die 91-jährige Dame litt mittlerweile unter einer schweren Demenz und war vernehmungsunfähig. Kaum jemand konnte bei Vorlage verschiedener Lichtbilder »Meister Schulz« als Täter identifizieren. Er hatte zwar Vorstrafen, welche jedoch vor allem im Bereich der Gewaltkriminalität (gefährliche Körperverletzung usw.) lagen. Ich kratzte aus den Ermittlungsakten das zusammen, was irgendwie nach einer Verurteilung roch. Es kamen sechs Fälle zusammen. Später erfuhr ich, dass der Angeklagte im Rahmen eines sogenannten »Deals« sechs Monate Freiheitsstrafe auf Bewährung erhalten hatte. Gemäß der Absprache gestand er zwei Fälle, woraufhin im Gegenzug die anderen vier eingestellt wurden. Keine hohe Strafe, aber immerhin eine Verurteilung. Ob sie imstande war, »Meister Schulz« Einhalt zu gebieten, oder ob die Wanderheuschrecke weiterzog (bzw. ob Hamsa C. vielleicht als Hintermann bei weiteren »Reparaturarbeiten« agierte), habe ich nie erfahren.

Sinans Wodka wird teuer

Sinan war stinksauer. Die Richterin hatte ihn zu einem Jahr und zwei Monaten Freiheitsstrafe ohne Bewährung verurteilt. Wegen einer einzigen billigen Wodkaflasche! Sein Pflichtverteidiger hatte ihm angeraten, aufgrund der zwingenden Beweislage die Tat einzugestehen. Das hatte er aber abgelehnt. Der ganze Prozess war doch eine einzige Farce. Und dann sollte er sich auch noch vor einer Frau rechtfertigen und reumütig zeigen. Nicht mit ihm. Er hatte seinen Stolz. Die Hauptverhandlung war dann nach vier Stunden mit Zeugenvernehmung vorbei. Im Nachhinein überlegte er sich, dass es vielleicht doch besser gewesen wäre, wenn er auf seinen Verteidiger gehört hätte. Die Strafe war ziemlich hoch und zur Flucht hatte er auch keine Chance gehabt. Sie hatten auf ihn aufgepasst, als würde hier ein Mord verhandelt. Es war einfach lächerlich. Der Pflichtverteidiger meinte, dass die Verurteilung nicht so schlimm sei. Die Strafe würde ohnehin bei einer späteren Verurteilung in Chemnitz oder Berlin miteinbezogen werden. Er solle sich eher wegen dieser Prozesse Sorgen machen. Er habe in beiden Fällen jetzt Akteneinsicht erhalten. Am Tatort seien jeweils DNA-Spuren von ihm gefunden worden, die ihn erheblich belasten würden. Im Vergleich zu den dort zu erwartenden Strafen sei die jetzt erfolgte Verurteilung »ein Witz«.

Sinan jaulte innerlich auf, als er das hörte. Sollte es ihn

nach all der Zeit noch so schlimm erwischen? Er konnte sich die DNA-Spuren auch nicht richtig erklären. Sie hatten doch immer Handschuhe und Masken getragen! Er meinte sich aber dunkel zu erinnern, dass er in Berlin mal eine Maske am Tatort hatte zurücklassen müssen.

Zwei Monate später wurde Sinan für den Gefangenentransport nach Chemnitz vorbereitet. Dort sollte in Kürze der Prozess gegen ihn wegen schweren Raubes vor der Großen Strafkammer des Landgerichts eröffnet werden.

Eine neue Staatsanwältin und das alte Leid

Mitte April war es dann so weit. Annas letzter Tag bei der Staatsanwaltschaft war gekommen. Unser Café Jura wurde daher deutlich ausgeweitet. Stühle wurden herangeschafft und es gab jede Menge leckeren Kuchen. Anna bedankte sich bei den anderen Staatsanwälten für die erfahrene Hilfe und zeigte sich etwas traurig, die Abteilung nun zu verlassen. Andererseits freute sie sich darauf, etwas anderes kennenzulernen und als Richterin tätig zu werden (die Staatsanwaltschaft war Annas erste Station im Rahmen ihrer dreijährigen Proberichtertätigkeit gewesen). Sie bekam viele gute Worte mit auf den Weg.

Am Ende der Abschiedsfeier erwähnte Oberstaatsanwalt Berndt nebenbei, dass ich ab morgen das große Zeichnungsrecht erhalten würde. Das war recht ungewöhnlich, da es normalerweise erst nach sechs Monaten erteilt wird und ich erst vier Monate da war. Künftig musste ich also selbst Anklagen, Strafbefehlsanträge und Verfahrenseinstellungen nicht mehr zur Gegenzeichnung vorlegen. Ich freute mich über die gewonnene Freiheit und war auch ein bisschen stolz darauf, dass man mir diese Befugnisse vorzeitig zutraute. Doch bekam ich rasch einen Dämpfer. Oberstaatsanwalt Berndt meinte nur: »Nicht dass Sie denken, Sie hätten das Zeichnungsrecht wegen guter Leistungen vorzeitig erhalten. Morgen kommt die neue Staatsanwältin und wir können vom Aufwand her nicht zwei Staatsanwälte gleichzeitig gegenzeichnen. Ich behalte Sie weiterhin im Auge.« Lachend tapste er auf die Zimmertür zu. Ich lachte mit. Man konnte ihm einfach nicht böse sein. Außerdem konnte ich seine Äußerungen immer gut einordnen. Der Schalk saß ihm ganz tief im Nacken. An der Tür drehte er sich noch einmal um und meinte, dass er mich jetzt endlich auch in die Vertretung der Dezernate anderer Kollegen bei Urlaub oder Krankheit einbeziehen könne.

Diese Ankündigung nahm ich halbwegs gelassen auf. Ich hatte mein Dezernat mittlerweile auf hundertfünfundzwanzig offene Verfahren verkleinern können und demzufolge bisher keinen weiteren Termin bei Dr. Ring wahrnehmen müssen. Auch von meinem Bauchwehstapel hatte ich inzwischen mindestens zwei Drittel abgearbeitet. Ich blickte halbwegs optimistisch in die Zukunft, wobei mir Anna sicher fehlen würde. Sie hatte sich immer Zeit genommen, meine Fragen zu beantworten, obwohl sie selbst regelmäßig bis spätabends an ihren Akten saß. Nun würde ich vielleicht (im Rahmen des Generationenvertrages zwischen den Proberichtern) vom Fragenden zum Befragten werden.

Am nächsten Tag saß mir dann eine neue Kollegin gegenüber: Dr. Maja Jonas. Sie kam aus dem Saarland, hatte wie ich vier Jahre Jura studiert, ein zweijähriges Referendariat absolviert und dann sogar noch im Strafrecht promoviert. Moabit war die erste Station im Rahmen ihrer Proberichtertätigkeit. Von dem, was sie hier in den kommenden Monaten erwarten würde, hatte sie keine Ahnung.

Jens, der jetzt ihr Gegenzeichner war, hatte mir eingeschärft, zunächst alles positiv zu formulieren. Sie sollte langsam »aufgebaut« werden. Schon nach zwei Tagen war jedoch angesichts der massiv anschwellenden Aktenberge auf ihrer Seite des Schreibtisches kaum noch etwas zu verheimlichen. Dort entwickelte sich dasselbe Elend wie bei mir in den ersten Tagen und Wochen und das tat mir unendlich leid. Auf einem Extrastapel häuften sich Akten, die mal »in Ruhe« geprüft werden mussten. Bald wuchs daneben ein zweiter Stapel in die Höhe. Ich versuchte zu helfen, wo es nur ging. Gerade zu Anfang hatte sie sehr viele Fragen, die aber oft einfach zu beantworten waren. Trotzdem machte sie natürlich viel später Schluss als ich und hatte freitags immer einen Rucksack dabei, um übers Wochenende Akten nach Hause zu schleppen.

Fluchtpläne

Sinan stieg mit den beiden Wachtmeistern aus dem Transporter und ging durch den Innenhof des Gerichtsgebäudes zum Verhandlungssaal. Es war der zweite Verhandlungstag. Seit einem Monat saß er jetzt in dem Gefängnis in Chemnitz. Fluchtmöglichkeiten hat er dort nicht erkannt. Es blieb nur der Transport von und zu dem Gerichtssaal. Wenn es eine Schwachstelle gab, dann hier.

Die Gerichtsverhandlung war schon eine ziemlich große Sache. Vorne thronten drei Richter in ihren Roben, links und rechts von den beiden Schöffen eingerahmt. Dann noch der Staatsanwalt, die Protokollführerin und seine Verteidigerin. Es gab sogar zwei oder drei Zuschauer.

Er konnte sich an den Überfall jetzt wieder genau erinnern. Ein Juwelierladen, den sie kurz vor Ladenschluss überfallen hatten. Sie waren maskiert, trugen Handschuhe und hatten Pistolenattrappen. Sonst hatten sie immer Klebeband zum Fesseln benutzt. Doch diesmal hatte jemand Handschellen besorgt. Damit fixierten sie die Angestellten an den Heizkörpern. Er wusste noch, dass er mit diesen blöden Handschellen nicht wirklich zurechtgekommen war. Als er eine der Angestellten endlich an die Heizung gefesselt hatte, stellte er fest, dass sein Handschuh in der Handschelle eingeklemmt war. Entnervt riss er sich los, wobei ein Stück davon an der Handschelle hängen blieb. Darauf mussten sie seine genetischen Spuren entdeckt haben. Sein Verteidiger hatte ihm gesagt, dass nach dem eingeholten Gutachten die am Tatort gefundene Spur mit einer Wahrscheinlichkeit von 12 Millionen zu 1 von ihm stammte. Hinsichtlich eines Freispruches machte der Verteidiger ihm wenig Hoffnung und meinte, dass er im schlimmsten Fall eine Strafe von über sechs Jahren zu erwarten habe.

Nach Schluss des Verhandlungstages führten ihn die Gerichtswachtmeister wieder über den Hof zu dem Transporter. Die beiden waren kaum größer als er und unterhielten sich. Sie hatten ihn bisher vier Mal bei dem Transport zum Gericht oder zurück zum Gefängnis bewacht. Er hatte sich immer folgsam verhalten und hoffte, dass sich eine gewisse Routine bei ihnen eingeschlichen hatte und so die Aufmerksamkeit minderte.

Rechter Hand befand sich im Hof des Gerichts ein nur brusthoher Zaun. Da konnte er trotz Handschellen schnell rüberkommen. Dahinter lagen ungefähr zwanzig Meter Rasen, gefolgt von einem zwei Meter hohen Zaun, der oben weder durch einen Stacheldraht noch ähnliche Vorkehrungen abgesichert war. Dann kam auch schon eine stark befahrene öffentliche Straße. Die Frage war, ob er es schnell genug über den hinteren Zaun schaffen konnte, oder ob ihn die Handschellen zu sehr behindern würden. Zweifellos war es die Chance, auf die er gewartet hatte. Beim nächsten Hauptverhandlungstermin würde er es probieren.

Bundesliga und merkwürdige Verwicklungen

Ende April wurde dann auch in unserem Café Jura über den sogenannten Schiedsrichterskandal diskutiert. Schon im Eingangsbereich zum Hauptportal hatte man Probleme, sich durch die Menschenmengen zu drängen, wenn wieder eine Pressekonferenz mit dem Pressesprecher der Staatsanwaltschaft Berlin anstand. Er hatte in diesen Tagen und Wochen viel zu tun. Ein ehemaliger Bundesligaschiedsrichter war in Untersuchungshaft genommen worden, weil er Fußballspiele so gepfiffen haben sollte, dass seine Komplizen hohe Wettprämien kassieren konnten. Der Verdacht weitete sich auf andere Schiedsrichter aus und erschütterte die gesamte Fußballnation.

Der Fall wurde einer Staatsanwältin aus dem Bereich der organisierten Kriminalität zugeteilt. Sie war eine sehr erfolgreiche und hartnäckige Ermittlerin (oft brannte spätabends noch Licht in ihrem Büro). Entsprechend hoch war ihr Ansehen innerhalb der Staatsanwaltschaft. Selbst ich als Neuling hatte schon von ihr gehört. Später erlebte ich eine Hauptverhandlung mit ihr, die mir in Erinnerung blieb, weil der Angeklagte sich plötzlich völlig unmotiviert und laut beschwerte, dass sie immer nur an seine Laptops (für die er wegen Hehlerei angeklagt war) denken würde. Es war das einzige Mal in dem Jahr bei der Staatsanwaltschaft, dass ich mitbekam, wie sich ein Angeklagter darüber beschwerte, dass die Staatsanwaltschaft zu genau und streng ermittelte.

Sie gehörte also zu den besten Staatsanwälten Berlins. Aber sie war auch eine Frau! Konnte das gutgehen, wenn es um einen Skandal dieses Ausmaßes im Männerfußball ging? Darum drehte sich die Diskussion in unserer Kaffeerunde. Zusätzliches Öl aufs Feuer goss die Staatsanwältin selbst, als sie in einem Interview wohl versehentlich einmal von »Bayern Münchengladbach« sprach. Jörg und ich meinten, dass ein Mann für diesen Fall erforderlich sei. Zumindest sollte ihr ein männlicher Berater zur Seite gestellt werden. Wir verwiesen in diesem Zusammenhang auf unser Fachwissen, das wir durch jahrelanges Studium der Sportschau angehäuft hatten.

Jens war es egal. Mona und Maja waren klar für die Staatsanwältin. Mona sagte, dass wir allenfalls »gefährliches Halbwissen« hätten. Außerdem sei es gar nicht so schlecht, wenn die ermittelnde Staatsanwältin sich bei diesem »Zirkus« nicht so auskenne, der da jedes Wochenende über den Bildschirm flimmerte, sondern völlig unvoreingenommen an die Sache herangehe. Maja erinnerte an den Fußballweltmeistertitel der deutschen Frauennationalmannschaft. Gegenworte gab es nicht. Die Europameisterschaft 2004 in Portugal war uns schließlich noch hinlänglich in Erinnerung. Im Prinzip hatten wir auch nichts gegen die Zuständigkeit der Staatsanwältin einzuwenden. Insgeheim waren wir nur ein bisschen neidisch auf die interessante Materie dieses Ermittlungsverfahrens, die Vernehmungen berühmter Spieler, Schiedsrichter usw. Egal. Vielleicht würde die Staatsanwältin, die nicht weit von uns (eine Etage höher) saß, einmal in unser Zimmer kommen und nach unserem geballten

Sachverstand fragen. Dann könnten wir zusammen Videoaufnahmen anschauen und auswerten, ob es in dem einen Fall ein Handelfmeter gewesen war und ein anderes Mal der Spieler klar im Abseits stand.

Am Ende der Kaffeerunde erklärte dann Oberstaatsanwalt Berndt, dass er noch ein paar Änderungen bezüglich der Geschäftsverteilung in unserer Abteilung bekanntgeben müsse. Da Gerlinde zwei wichtige Sonderfälle umgehend anklagen müsse, solle sie vorübergehend von ihrem sonstigen Dezernat freigestellt werden. Die Vertretung ihres Dezernats bis Mitte Mai sollten Mona und ich übernehmen. Wir waren von dieser Nachricht ziemlich geplättet. Das Dezernat von Gerlinde war bekanntermaßen mit deutlichem Abstand das umfangreichste in unserer Abteilung. Die Hälfte davon war beinah so viel wie ein volles Dezernat anderer Kollegen. Mona und mich würde jede Menge Arbeit erwarten. Gerlinde hob beschwichtigend die Hände und meinte, das sei alles kein Problem. In zwei Wochen wäre die Sache erledigt.

Das einzig Gute daran sei, dass sie künftig abends nicht immer so lange allein im Zimmer sitzen müsse, meinte Maja. Überrascht schaute ich zu ihr rüber. Anna hatte offensichtlich, was zynische Sprüche anging, eine würdige Nachfolgerin gefunden. So richtig lachen konnte ich trotzdem nicht.

Jens kam später in unser Zimmer und erklärte uns die Sache mit den Schleuserverfahren, alten und umfangreichen Ermittlungsakten aus dem Dezernat von Gerlinde. Gerlinde hätte »einfach zu lange auf den Dingern herumgesessen«. Normalerweise wäre es allein ihre Angelegenheit, diese Verfahren »nebenbei« zum Abschluss zu bringen. Aber bestimmte Verwicklungen hätten dazu geführt, dass wir ihr nun den Rücken freihalten müssten, meinte Jens mit erhobenem Finger. Mit »wir« konnte Jens nur Mona und mich meinen, da wir Gerlindes Dezernat übernommen hatten. »Was sind denn das für Verwicklungen?«, wollte ich wissen.

Jens seufzte: »Also, dazu muss man die Vorgeschichte kennen.« Er setzte sich und erklärte sie uns. Ende der neunziger Jahre wurden in den deutschen Botschaften und Konsulaten immer mehr Anträge auf Besuchsvisa gestellt. Diese waren meistens auf drei Monate begrenzt und durften unter anderem nur dann erteilt werden, wenn keine Zweifel an der Rückkehrbereitschaft bestanden und die einladende Person in Deutschland sich für den Reisenden verbürgte, also Risiken wie Krankheit versicherte oder auch die Kosten für die Rückreise abdeckte. Der enorm hohen Zahl der Antragsteller stand aber eine viel zu geringe personelle Ausstattung der Konsulate und Botschaften gegenüber, und so wurden einige von Antragstellern regelrecht belagert. Einen extremen Fall bildete die deutsche Botschaft im ukrainischen Kiew. Dort bildeten sich bereits seit einigen Jahren extrem lange Schlangen vor dem Botschaftsgelände. Die deutsche Botschaft in Kiew stellte 1999 zirka 150 000 Dreimonats-Einreisevisa aus. Später wurde mal anhand der Personalzahlen berechnet, dass die durchschnittliche Bearbeitungszeit für ein Visum in der Ukraine nur wenige Minuten betragen haben konnte. Da also lediglich eine recht oberflächliche Prüfung erfolgte, bestanden ideale Bedingungen für bandenmäßige Schleuser.

Innerhalb der Botschaft sorgte der Bundesgrenzschutz für Ordnung, außerhalb dagegen ukrainische Sicherheitskräfte. Antragsteller berichteten später, dass einige dieser Wachleute Geld von ihnen forderten, damit sie unbehelligt blieben.

Sie verlangten umgerechnet zwischen 50 und 250 Euro je nach Platz in der Warteschlange. Daraus entwickelte sich mit den Jahren eine regelrechte »Warteschlangen-Mafia«. Vor den Augen der machtlosen Botschaftsangehörigen entschieden organisierte Banden, wer gegen Gebühr ein oder zwei Schritte in der Schlange vor der Visastelle vorrücken durfte.

Nicht zuletzt aufgrund solcher Zustände wurden in der Folgezeit erhebliche Reiseerleichterungen durch die Bundesregierung eingeführt, die jedoch leider auch der Schleuserkriminalität Tür und Tor öffneten. Sie führten insbesondere in der deutschen Botschaft in Kiew (nochmals!) zu einem erheblichen Anstieg an ausgeteilten Visa. Zwischen 1999 und 2001 kam es fast zu einer Verdoppelung auf rund 300 000 Visa.

Die Reiseerleichterungen wurden für kriminelle Schleusungen von Tausenden Menschen missbraucht. So wurde beispielsweise der Geschäftsführer eines deutschen Reisebüros zu einer mehrjährigen Freiheitsstrafe verurteilt, nachdem ihm nachgewiesen werden konnte, dass er massenhaft Gruppenreisen mit fingierten Programmen beantragt und an die deutsche Botschaft in Kiew weitergeleitet hatte. Die in Deutschland Eingereisten, so stellte das Gericht fest, waren umgehend untergetaucht, hatten sich in andere Länder abgesetzt oder gingen der Prostitution nach. In die breite Öffentlichkeit rückte diese Visavergabepraxis ab Februar 2004. Die Zustände um das Botschaftsgelände in Kiew waren weitgehend bekannt. Zudem gab es erste Urteile über »bandenmäßige Menschenschleusung« gegenüber einzelnen Angeklagten, in denen dem Außenministerium vorgeworfen wurde, dieser Praxis durch »schweres Fehlverhalten Vorschub geleistet« zu haben. In den Regierungserlassen wurde ein »kalter Putsch gegen die bestehende Gesetzeslage« gesehen.

Es entwickelte sich die sogenannte Visa-Affäre und Ende 2004 wurde ein Untersuchungsausschuss eingesetzt, der klären sollte, wer für die zehntausendfache Erschleichung von Visa zwischen 1999 und 2002 verantwortlich zeichnete.

Einer der ersten und sicherlich wesentlichen Ermittlungsschritte des Untersuchungsausschusses war es, bei den einzelnen Staatsanwaltschaften in Erfahrung zu bringen, um wie viele Missbrauchsfälle es sich tatsächlich handelte. Man wollte schließlich genau wissen, über welche Ausmaße man verhandelte.

Bei diesen Schleuserfällen handelte es sich überwiegend um sehr schwere Verstöße gegen das Ausländergesetz, Urkundenfälschung und Ähnliches. Zuständig waren bei der Staatsanwaltschaft Berlin meistens keine Spezialabteilungen, sondern die Buchstabenabteilungen. Jeder hier Beschäftigte kannte diese Schleuserverfahren. Sie wurden gleichmäßig unter den Staatsanwälten aufgeteilt. Die Ermittlungen und die Abfassung der Anklagen waren aufwändig. Jedes Ermittlungsverfahren bestand bereits aus einem »Gürteltier«. Dazu gehörten meist mehrere Kartons voll mit Unterlagen, die bei den Beschuldigten beschlagnahmt worden waren und ausgewertet werden mussten. Ein Verfahren konnte ohne Weiteres aus zweihundert bis vierhundert Einzelfällen bestehen. Die zu fertigenden Anklageschriften waren oft unfassbar lang. Wenn der Staatsanwalt sie zu Beginn einer Hauptverhandlung verlesen musste, konnte dies Stunden dauern.

Diese Ermittlungsverfahren waren nun, auch durch die Anfragen des Untersuchungsausschusses, in besonderem

Maße ins Interesse der Öffentlichkeit gerückt. Die Staatsanwaltschaft Berlin wollte sich dabei nicht in schlechtem Licht präsentieren. Soweit einige Verfahren noch nicht zur Anklage gebracht worden waren, sollte dies jetzt zügig passieren. Damit die überlasteten zuständigen Staatsanwälte nicht alle anderen Fälle für längere Zeit liegenlassen mussten, wurde entschieden, dass die noch offenen Schleuserfälle von den Abteilungsleitern selbst umgehend abzuschließen waren.

In unserer Abteilung hatte fast jeder Staatsanwalt mindestens ein dickes Schleuserverfahren erhalten. Das geschah schon vor meiner Zeit. Alle hatten es mittlerweile geschafft, diese Verfahren »nebenbei« zur Anklage zu bringen. Alle außer Gerlinde. Sie hatte noch zwei offene und dabei sehr umfangreiche Schleuserverfahren in ihrem Dezernat. Sie bestanden neben mehrbändigen Akten aus diversen Kisten, voll mit Aktenordnern. Nach mehreren staatsanwaltschaftlichen Ermittlungsschritten meinte Gerlinde, dass die Fälle nun reif für die Verfassung einer Anklageschrift waren. Es wäre eine der nächsten größeren Sachen gewesen, die sie in Angriff nehmen wollte. Wie auch immer, jetzt war Oberstaatsanwalt Berndt dafür zuständig.

»Das alles«, meinte Jens zu uns, »wäre eigentlich nicht euer Problem. Aber Gerlinde ist in die Fälle eingearbeitet. Sie kennt den gesamten Sachverhalt, hat die in Betracht kommenden Strafvorschriften durchgeprüft und wollte ohnehin demnächst die Anklageschriften fertigen. Oberstaatsanwalt Berndt hätte jedoch noch einmal völlig von vorn beginnen müssen. Außerdem hat er seit Jahren sehr viele Verwaltungsangelegenheiten zu bearbeiten, sodass er nicht mehr so in der Materie der Anklageverfassung drinsteckt wie Gerlinde. Also fragte er Gerlinde, ob diese die beiden Fälle selbst weiterbearbeiten könnte. Gerlinde stimmte dann ›großzügig‹, gegen Freistellung von ihrem sonstigen Dezernat für zwei Wochen, zu.«

Sinan hängt am Zaun

An diesem Morgen war trübes Wetter und es nieselte leicht. Wie die letzten Male fuhr Sinan wieder mit den beiden Gerichtswachtmeistern. Der Transporter hielt im Innenhof des Gerichts. Sie stiegen aus und gingen auf das Gerichtsgebäude zu. Seine Begleiter hielten sich links und rechts von ihm, vielleicht zwanzig Zentimeter zurückversetzt. Sie unterhielten sich über Fußball, und einer der beiden lachte gerade. Sinan trug Handschellen, die seine Hände vor dem Körper und nicht hinter dem Rücken zusammenhielten. Die Füße waren frei. Jetzt war der Zeitpunkt gekommen! Schon nachts in der Zelle hatte er nicht schlafen können und war den Fluchtversuch in Gedanken immer wieder durchgegangen. Sein Puls beschleunigte sich merklich. Die folgenden Geschehnisse nahm er wie in Zeitlupe wahr. Er beugte den Oberkörper etwas und schnellte dann gegen einen der Wachtmeister. Der fiel überrumpelt hin. Schon rannte Sinan auf den ersten Zaun zu, der brusthoch war. Es waren nur ein paar Schritte. Der andere Wachtmeister war völlig überrascht und reagierte erst nach zwei oder drei Sekunden. Darauf hatte Sinan spekuliert. Als er aufgeregte Schreie und Schritte hinter sich hörte, sprang er schon an dem Zaun hoch und kippte seinen Oberkörper hinüber. Auf der anderen Seite fiel er mit dem Oberschenkel auf einen spitzen Stein, was schmerzte. Hastig richtete er sich halb auf und wollte zum Außenzaun losrennen, als er auf dem feuchten Rasen ausrutschte und erneut stürzte. Als er wieder hochkam und losrannte, hörte er hinter sich die Metallfelder des Zauns klappern und kurz darauf ein Plumpsen. Sie waren dicht hinter ihm, vielleicht fünf Meter, als er sich aus vollem Lauf an den Außenzaun warf. Wie durch dichten Nebel hörte er im Hintergrund eine Sirene aufheulen. Es war schwierig, mit den Schuhen an dem engmaschigen Zaun Halt zu finden. Er schaffte es aber, sich bis in Brusthöhe an der Oberkante des Zauns hochzuziehen. Er wollte gerade umgreifen, als er merkte, dass ihn jemand an den Beinen festhielt. Fast reflexartig trat er nach hinten und merkte beim zweiten Mal einen Widerstand. Dann war er wieder frei, rutschte aber im selben Moment den Zaun wieder runter. Sofort sprang er wieder hoch und versuchte sich nach oben zu ziehen. Allerdings schwanden ihm allmählich die Kräfte. Alles kam ihm jetzt unendlich langsam und mühsam vor, als würde er am Boden festkleben. Dieses Gefühl der Panik dauerte aber nur ein bis zwei Sekunden, dann hatten sie ihn. Es waren nun schon drei Wachtmeister und er mit Handschellen. Sinan gab auf.

Wochenenddienst im Bereitschaftsgericht

Maja kam nach einem Monat schon ganz ordentlich mit ihrem Dezernat zurecht. Sie hatte ein Gespür dafür, Wesentliches von Unwesentlichem zu trennen, und setzte die Vorgaben von Jens geschickt um. Auch sie hatte bereits ihren Antrittsbesuch bei Dr. Ring hinter sich, und ich hatte nicht das Gefühl, dass demnächst ein weiterer Termin notwendig war. Ein Vorteil für sie war, dass sie mich jetzt wieder bis in die Abendstunden befragen konnte. Die zusätzliche Arbeit durch die Vertretung des halben Dezernats von Gerlinde nahm mich ordentlich in Anspruch. Um den 12. Mai herum erwähnte Gerlinde in der Kaffeerunde zu meinem Entsetzen, dass der Abschluss der beiden Schleuserverfahren doch etwas länger als die ursprünglich veranschlagten zwei Wochen, und zwar »voraussichtlich« bis Ende Mai, dauern würde. In der Folgezeit entstanden wilde Spekulationen zwischen Mona und mir, was das »voraussichtlich« wohl zu bedeuten hatte.

Am darauffolgenden Wochenende hatte ich meinen ersten Wochenenddienst. Eine Außenstelle des Kriminalgerichts Moabit ist das Bereitschaftsgericht am Tempelhofer Damm. Im Grundgesetz steht geschrieben, dass ein Beschuldigter unverzüglich, spätestens mit Ablauf des Tages nach seiner Festnahme, dem Ermittlungsrichter vorzuführen ist, damit ein Richter entscheiden kann, ob die Freiheitsentziehung fortgesetzt werden soll. Wird ein Beschuldigter also am Freitagabend aufgegriffen und soll er wegen eines dringenden Tatverdachts und Flucht- oder Verdunklungsgefahr in Haft bleiben, so muss darüber ein Richter bis spätestens Sonnabend 23.59 Uhr entscheiden. Deshalb ist es erforderlich, dass einige Richter am Wochenende erreichbar sind. Gleiches gilt für Staatsanwälte, welche die Untersuchungshaft bei dem Ermittlungsrichter beantragen.

Auch wenn es nicht um die Frage geht, ob jemand verurteilt wird oder nicht, hat die Entscheidung über die Anordnung der Untersuchungshaft erhebliche Bedeutung. Es kommt immer wieder vor, dass Beschuldigte den Hauptverhandlungstermin in Untersuchungshaft abwarten müssen und dann freigesprochen werden. Eine mehr als unangenehme Sache für den – letztlich zu Unrecht – Beschuldigten. Er kann dann zwar nach einem Haftentschädigungsgesetz einen finanziellen Ausgleich verlangen. Die Beträge werden nach festen Tagessätzen berechnet und können die erlittenen Schäden, was die Psyche und das Ansehen im Familien- und Freundeskreis anbelangt, nicht wirklich kompensieren. Abgesehen von nachgewiesenen Vermögensschäden wurde zu meiner Zeit pro angebrochenem Tag ein Betrag von elf Euro gezahlt.

Andererseits tauchen Beschuldigte, die nicht in Untersuchungshaft genommen werden, häufig unter und versuchen sich so der Strafverhandlung zu entziehen. Nach ihnen muss dann mit erheblichem Aufwand gefahndet werden. Manchmal bleiben sie auch für immer verschwunden.

Ich begann meinen Dienst am Samstag um 10 Uhr in den Räumen des Bereitschaftsgerichts. Dort erwartete mich bereits ein größerer Stapel Ermittlungsakten, und gleich das erste Verfahren hatte es ziemlich in sich. Zwei junge Männer im Alter von 22 und 23 Jahren aus Berlin-Marzahn, einem Bezirk am östlichen Rand der Stadt, waren ganz dick ins Drogengeschäft eingestiegen. So heftig, dass die Beamten des mobilen Einsatzkommandos, welches die beiden observierte, an den Abhörgeräten riesige Ohren bekamen. Der Handel lief nur noch in Größenordnungen von Kilogramm. Ein Kilogramm Haschisch hier, ein Kilogramm Marihuana da, und das eine oder andere Kilogramm Heroin war auch dabei. Schon beim Lesen der Ermittlungsakte konnte einem schwindlig werden. Und es war nicht erkennbar, wie die beiden da hineingeraten waren. Sicher, ihre Bundeszentralregisterauszüge waren nicht völlig leer. Beide hatten Jugendstrafen erhalten. Dies betraf jedoch Fälle wie Ladendiebstahl, Erschleichen von Leistungen (Schwarzfahren) und Besitz geringer Mengen Betäubungsmittel (das konnten Partydrogen oder Ähnliches sein). Man konnte nicht sagen, dass das Nichtigkeiten waren. In einer Großstadt wie Berlin sind derartige Vorstrafen jedoch nichts Ungewöhnliches. Es deutete jedenfalls nichts darauf hin, dass die beiden einen der großen Fahndungserfolge des Drogendezernats im laufenden Jahr darstellen würden.

Nachdem die Polizei mitbekommen hatte, dass die beiden soeben Betäubungsmittel in den oben genannten Größenordnungen von Lieferanten übernommen hatten, entschloss sie sich zum Zugriff.

Sie wurden während der Fahrt auf der Autobahn durch ein Sondereinsatzkommando festgenommen. Der schnelle und harte Eingriff hätte der Fernsehserie über die Autobahnpolizei ›Alarm für Cobra 11‹ alle Ehre gemacht.

Manchmal, wenn die Täter als sehr gefährlich und stark bewaffnet eingeschätzt werden, entscheidet man sich, diese während der Autofahrt zu überwältigen, weil dann die Gefahr sinkt, in einen Hinterhalt zu geraten. Die Einsatzkräfte können sich darauf konzentrieren, was im Innenraum des Fahrzeugs passiert. Da werden Autos ausgebremst, seitlich gerammt oder in die Leitplanke einer Autobahn abgedrängt.

Sie fanden zwei Kilogramm Haschisch und ein Kilogramm Marihuana in einem Rucksack im Kofferraum. Konnte man den Ermittlungsakten Glauben schenken, so waren die Beschuldigten von dem Zugriff im wahrsten Sinne des Wortes »überwältigt«. Es gab keinerlei Gegenwehr und beide weinten vor Schreck. In der anschließenden Vernehmung zeigten sich beide reumütig und geständig. Einer erklärte unter Tränen, dass er nach Hause zu seinen Eltern wolle. Ob die Männer vom Sondereinsatzkommando entsprechend einfühlsam reagieren konnten, ergab sich aus der Akte nicht. Sie waren ja eher auf harte Typen trainiert und nicht auf so etwas.

Beim Lesen der Ermittlungsakte wurde klar, dass Untersuchungshaft beantragt werden musste. Es war nicht nur die erhebliche Straferwartung, die eine Fluchtgefahr nahelegen konnte. Man wusste nicht, ob und wie viel Geld die Beschuldigten im Drogengeschäft bereits verdient und für »harte Zeiten« beiseitegelegt hatten. Sie hatten außerdem weder Lieferanten noch Abnehmer benannt, sodass auch die Annahme von Verdunklungsgefahr nicht fernlag.

Als die beiden später nacheinander dem Ermittlungsrichter vorgeführt wurden, ging ich mit ins Richterzimmer. Sie zeigten sich geständig und gaben noch zwei oder drei weitere Taten zu, die sie bereits gegenüber der Polizei erwähnt hatten. Zu den Abnehmern und Lieferanten schwiegen sie sich weitgehend aus beziehungsweise erklärten, dass alles völlig anonym abgelaufen sei. Ich überlegte mir, dass es vielleicht sogar eine »gesundheitsfördernde« Maßnahme war, keine Namen zu nennen. Angesichts der gefundenen Mengen ging es hier ja schon um richtige Großhändler. Die konnten sicherlich schnell allergisch reagieren. Beide Beschuldigten erklärten dem Ermittlungsrichter nochmals nachdrücklich, dass sie jetzt aus ihren Fehlern gelernt hätten, nie wieder Drogen anfassen würden und nach Hause wollten.

Der Ermittlungsrichter erklärte ihnen, dass aufgrund des gewerbsmäßigen Handels mit großen Mengen eine erhebliche Strafe zu erwarten sei. Außerdem sei noch nicht klar, ob sie vielleicht sogar als Mitglieder einer Bande anzusehen seien. Dann wäre eine Freiheitsstrafe von nicht unter fünf Jahren einschlägig. Das war für die Beschuldigten zu viel. Es gab ein Zucken in den Mundwinkeln. Unter Tränen baten sie nochmals um Freilassung. Einer der beiden fragte dann noch, ob er jetzt »nach Kieferngrund« komme. Da dies die Untersuchungshaftanstalt für Jugendliche ist, verneinte der Richter die Frage natürlich, schließlich waren sie bei Tatbegehung bereits 21 Jahre alt. Sie kämen jetzt in die Justizvollzugsanstalt Moabit. Der Beschuldigte entgegnete völlig fassungslos, das ginge nicht, keinesfalls dürfe er da hingebracht werden. Die Zustände dort würde er nicht überleben. Es gebe nur eine Stunde Hofgang, den Rest des Tages sei man in eine kleine Zelle eingesperrt und so weiter. Nach einer Weile fragte der Ermittlungsrichter erstaunt, woher er sich so gut mit den Verhältnissen in der Justizvollzugsanstalt auskenne. Sein Cousin arbeite dort und habe ihm schon öfter erzählt, wie schlimm die Zustände seien, erwiderte der Beschuldigte. Der Richter räusperte sich und meinte nur, dass er mal besser früher über die Worte seines Cousins nachgedacht hätte.

Der Samstag zog sich hin und endlich war ich bei der letzten Ermittlungsakte für diesen Tag angelangt. So froh ich war, ans Ende zu kommen, so widerlich war der Inhalt der Akte. Die Mietwohnung des fünfundvierzigjährigen Beschuldigten befand sich in unmittelbarer Nähe einer Schule für lernschwache Kinder. Sie lag quasi auf dem Schulweg. Nachmittags, wenn die Kinder von der Schule kamen, versuchte der Beschuldigte sich auf der Straße mit Jungen im Alter von neun bis zwölf Jahren anzufreunden. Er verschenkte auch häufiger Geld für Eis oder Süßigkeiten. Die Kinder, die oft aus ärmeren Verhältnissen stammten, nahmen das Geld gerne an. Er hatte sich eine Spielkonsole mit großem Bildschirm angeschafft und lockte die Jungen erfolgreich in seine Wohnung. Dort sollten sie es sich vor der Playstation bequem machen und sich auch ein bisschen ausziehen. Dann machte er sich an die Kinder ran. Es geschah eher beiläufig, so als ob es etwas ganz Normales wäre. Obwohl die Jungen versprechen mussten, nichts zu verraten, bekamen die Eltern es doch relativ schnell heraus. Der Beschuldigte wurde festgenommen. In der Ermittlungsakte fanden sich fünf überzeugende Aussagen von Kindern, die über mehrere Seiten gingen. Sie waren sehr detailliert und untereinander stimmig. Dass es sich um ein vorher abgesprochenes »Fantasieprodukt« der lernschwachen Kinder handelte, von dem sie selbst unter der besonderen Situation der Vernehmung nicht abwichen, war ziemlich fernliegend.

Ich beantragte die Anordnung der Untersuchungshaft

und ging mit ins Richterzimmer, als der Beschuldigte vorgeführt wurde. Dieser zeigte sich erstaunt über die Vorwürfe. Ja, die Kinder seien in seiner Wohnung gewesen. Aber das seien doch nur dumme Jungs. Denen könne man nicht glauben. Es würde doch niemand für einen Euro oder die Benutzung der Playstation so etwas mit sich machen lassen. Mir wurde richtig übel. Für mich war er so schuldig wie die Nacht schwarz ist. Aber auch der Ermittlungsrichter hatte die Aussagen der Kinder genau gelesen und ordnete die Untersuchungshaft an. Der Beschuldigte erklärte lauthals, dass dies nicht ginge und er jetzt einen Verteidiger wolle. Der Richter zeigte eher kühl auf ein Formular, auf dem Telefonnummern des Anwaltsnotdiensts standen. Gleichzeitig fragte er, ob eine Haftprüfung beantragt werden solle, was der Beschuldigte bejahte.

Nicht allen Beteiligten gelang es, auf die Tatvorwürfe äußerlich emotionslos zu reagieren. Als der Gerichtswachtmeister den Beschuldigten abführte, meinte er zu ihm, er solle in der Untersuchungshaft nur sagen, warum er da wäre. Man würde sich dann schon um ihn »kümmern«. In dem Moment schaltete sich der Richter nochmals ein und meinte zum Beschuldigten, dass er das besser bleiben lassen solle.

In der Haftanstalt gibt es nämlich unter den Häftlingen klare Hierarchien, die auch mit den Tatvorwürfen zu tun haben. Ganz oben stehen besonders »intelligente« Täter, denen beinahe ein Coup mit dem ganz großen Geld ohne jegliche Gewaltanwendung gelungen wäre. Die Tatvorwürfe jedoch, die dem Beschuldigten gemacht wurden, rangieren ganz unten. Viele Häftlinge sind selbst Familienväter. Täter, die wegen sexuellen Missbrauchs Minderjähriger verhaftet oder verurteilt werden, haben es da oft nicht einfach.

Gern hätte ich erfahren, was später im Strafverfahren gegen diese Beschuldigten herauskam. Allein die Zeit fehlte. Kam ich in mein Zimmer, vertiefte ich mich sofort in die dort reichlich vorhandenen Ermittlungsakten, versank darin, immer die nächste Akte schon im Blickfeld. Keine Zeit für die zurückliegenden Fälle, die einer nach dem anderen durch eine imaginäre Hintertür mit der Überschrift »Erledigt« verschwanden und dort in einer grauen Masse versackten.

Überraschende Wende

Der Tag der Urteilsverkündung war gekommen. Sinan wurde, wieder über den mittlerweile verhassten Innenhof des Gerichts, in den Verhandlungssaal des Landgerichts Chemnitz, Große Strafkammer, gebracht. Er würde keine neue Fluchtchance erhalten. Die Wachtmeister waren jetzt zu dritt, seine Hände waren mit Handschellen gefesselt und man hatte ihm eine Fußkette angelegt. Alle Zeugen waren gehört worden. Die zuständigen Polizeibeamten, die Angestellten des Ladens und schließlich der Inhaber selbst. Eine Sachverständige hatte ihr schriftliches Gutachten zu den gefundenen DNA-Spuren erläutert. Es folgten die Abschlussplädoyers. Der Staatsanwalt forderte acht Jahre Freiheitsstrafe! Sinan ließ alles über sich ergehen. Nach dem gescheiterten Fluchtversuch war er wie betäubt. Er selbst hatte sich, nach Beratung mit seinem Verteidiger, nicht zum Tatvorwurf geäußert.

Er saß auf der Anklagebank und wartete. Jetzt kam das Gericht aus dem Beratungszimmer und nahm Aufstellung. Alle erhoben sich, Sinan in Erwartung der Verurteilung. Doch was dann passierte, überraschte alle. Das Gericht sprach ihn auf Kosten der Staatskasse frei! Die Gründe bekam Sinan aufgrund seiner Freude gar nicht richtig mit. Sein Verteidiger erklärte sie ihm später. Im Laufe des Ermittlungsverfahrens war ein kleines Missgeschick passiert. Das zuständige Polizeidezernat hatte ja Teile eines Handschuhs an der Handschelle gefunden, mit der ein Opfer an den Heizkörper gefesselt worden war. Anschließend wurde dieses Stück fein säuberlich in eine Plastiktüte verpackt und selbige verschlossen. Der zuständige Polizeibeamte vermerkte auf der Tüte das Aktenzeichen des Raubüberfalls und die Bezeichnung »Handschuhrest«. Im Labor wurde das Material dann erfolgreich auf DNA-Spuren analysiert und die Untersuchung in einem Gutachten penibel erläutert. Nur die Reste des Handschuhs gab es danach nicht mehr. Entweder waren sie verloren gegangen oder bei der Spurensuche zerstört worden. Die Untersuchung lag schon Jahre zurück, sodass die Sachverständige darüber keine Auskunft mehr geben konnte. Sie versicherte jedoch, dass sie selbstverständlich nur die Probe aus der Plastiktüte entnommen und untersucht habe.

Das Gericht meinte nun, dass weder aus dem vorliegenden Foto von dem Handschuhrest noch aus der Beschriftung seitens der Polizei noch aus dem Gutachten hervorginge, ob es sich um einen Einmalhandschuh gehandelt habe. Somit könne nicht ausgeschlossen werden, dass der Handschuh mehrfach benutzt wurde. Weiterhin sei nicht auszuschließen, dass der Angeklagte mehrere ähnliche Taten begangen habe und mit anderen eine Bande gebildet habe. Daraus ergäbe sich die Möglichkeit, dass der Angeklagte und etwaige Bandenmitglieder die Tarnungsmittel und Tatwaffen an einem gemeinsamen Ort aufbewahrt hatten. Daher könne auch ein anderer Täter den Handschuh am Tatort benutzt haben. Zwar sei die DNA des Angeklagten an dem Handschuh gefunden worden. Diese Spur könne jedoch auch daraus herrühren, dass der Angeklagte den Handschuh vorher bei einer anderen Tat benutzt hatte. Verurteilen könne das

Gericht aber immer nur wegen der konkreten Tat, die angeklagt werde. Somit blieben letzte Zweifel an der Täterschaft des Angeklagten, die zu seinen Gunsten zum Freispruch führen mussten.

So viel zum Thema DNA-Spuren am Tatort! Der Staatsanwalt regte sich mächtig auf. Es waren ihm ein paar »Wenn« und »Könnte« zu viel. Außerdem war der Angeklagte wegen einer ganz ähnlichen Tat vorbestraft. Aber es nützte natürlich nichts mehr.

Sinan umarmte zufrieden seinen Verteidiger – die Handschellen hatte man ihm im Sitzungssaal abgenommen. Er hatte wohl doch einen richtig guten Verteidiger erwischt. Wobei er davon ausging, dass dieser ihn für schuldig hielt. Der Verteidiger hatte zu ihm gesagt, dass er gar nicht wissen wolle, ob Sinan schuldig sei. Gäbe es trotz Schuld einen Freispruch, so habe er damit kein Problem. Die Schuld müsse im Strafprozess voll nachgewiesen werden. Fehlurteile seien der Preis für ein rechtsstaatliches Verfahren.

Erleichtert kehrte Sinan in die Haftanstalt zurück. Und auch der Verteidiger war zufrieden, war doch klar, was jetzt passieren würde. Das, was eigentlich immer nach solchen »Siegen« geschieht. Zwar konnte Sinan nicht gleich freigelassen werden, da er noch eine Reststrafe absitzen musste und die Untersuchungshaft auch für das Verfahren in Berlin angeordnet worden war. Trotzdem würde er seinen Mithäftlingen stolz von dem erzielten Freispruch erzählen. Die würden natürlich sofort fragen, wer sein Verteidiger gewesen sei, in ihren Augen mit Sicherheit ein »Genie«.

Am übernächsten Morgen würde der Verteidiger in aller Ruhe seine Rechtsanwaltskanzlei aufsuchen und viele Briefe auf seinem Schreibtisch vorfinden. Neue Mandanten (alles Häftlinge aus der Haftanstalt), die bereits freudig einer baldigen Haftentlassung oder einem Freispruch mit Hilfe des »Genies« entgegensahen. Schließlich waren sie alle irgendwie »unschuldig«.

Der mysteriöse Anzeigeerstatter

Es war der letzte Dienstag im Mai. Kurz vor 9:00 Uhr traf ich in meinem Zimmer ein. Ich schnappte mir die zwei Wasserkanister und stieg eine Etage tiefer, um Wasser zu holen. Als ich keuchend zum Zimmer zurückkam, war es schon 9:05 Uhr. Mona und Jörg standen bereits mit ihren Kaffeetassen vor der Tür. Hilflos drückten sie mehrmals die Türklinke und blickten sich um. Kurze Zeit später lag dann Kaffeeduft in der Luft. Erleichtert strömte ein Großteil unserer Abteilung ins Zimmer. Die Stimmung im Café Jura war ausgesprochen gut. Mona und ich freuten uns, dass die umfangreiche Vertretung des Dezernats von Gerlinde ihrem Ende zuging. Jörg erzählte von seinen Erlebnissen bei seinem gestrigen Tagesdienst, die wirklich lustig waren.

Jeder Staatsanwalt ist irgendwann mit dem Tagesdienst an der Reihe. Strafanzeigen oder Anträge auf Strafverfolgung können nicht nur bei der Polizei, sondern auch bei der Staatsanwaltschaft direkt gestellt werden. Dafür wurde ein gesonderter Raum eingerichtet, in dem ein Staatsanwalt die Strafanzeigen aufnimmt und an die einzelnen Abteilungen weiterleitet.

Jörg hatte an diesem Tag nur einmal Kundschaft. Der Mann, der ihn aufsuchte, trug einen älteren Trainingsanzug und hatte zwei prall mit Papier gefüllte Aldi-Einkaufstüten dabei. Diese enthielten nach seinen Angaben »hoch brisante Informationen«. Damit Jörg die Angelegenheit an die zuständige Abteilung der Staatsanwaltschaft weiterleiten konnte, benötigte er Angaben zu der Person des oder der Beschuldigten sowie zu dem genauen Tatvorwurf. Dazu schwieg sich die mysteriöse Person im Trainingsanzug jedoch aus. Die Angelegenheit sei derart heikel und explosiv, dass er nur mit dem letztlich zuständigen Staatsanwalt »unter vier Augen« darüber reden könne. Jörg ging der »Geheimnisträger« langsam richtig auf die Nerven. Dann müsse das Verfahren eben gegen Unbekannt geführt werden, und er solle ihm jetzt seinen Namen und die Anschrift nennen. Völlig entgeistert schlug der Mann die Hände über dem Kopf zusammen. Auf keinen Fall könne er Angaben zu seiner Person machen. Wenn sein Name im Zusammenhang mit diesen Ermittlungen fallen würde, käme es höchstwahrscheinlich zu »unabsehbaren Reaktionen«. Trotz mehrmaliger Nachfrage war der Mann nicht bereit, ihm irgendwelche weiteren Informationen zu liefern. Er meinte nur, dass er jetzt umgehend zu dem wirklich zuständigen Staatsanwalt »durchgelassen« werden müsse. Jörg erwiderte, dass das schon deshalb nicht ginge, weil er nicht wisse, wer zuständig sei. Schließlich erklärte sich der Geheimnisträger in kapitulierendem Tonfall bereit, zwei Anhaltspunkte zu benennen. Mehr könne er aber wirklich nicht tun. Je mehr Leute Bescheid wüssten, desto höher sei die Gefahr für sein Leben. Er sah sich nochmals sichernd um, beugte sich zu Jörg hinüber, fixierte ihn mit zusammengezogenen Augen und raunte: »Rotes Rathaus, Potsdamer Abkommen.« Jörg wurde schlecht und er rang nach Luft, was aber eher an der herüberziehenden üblen Geruchswolke als an den »unglaublichen« Informationen lag. Der Mann im Trainingsanzug lächelte Jörg verschwörerisch an. So, als ob er und sein Mitwisser Jörg von jetzt an durch ein furchtbares Geheimnis aneinandergekettet seien. Jörg erklärte zögernd und vorsichtig, dass er immer noch keine ausreichenden Informationen hätte, um einzuordnen, worum es letztlich ginge. Jetzt explodierte der Mann förmlich. Er fuchtelte mit den Armen in der Luft und brüllte, dass er Jörg wegen Strafvereitelung im Amt anzeigen werde, sein Verhalten eine Unverschämtheit sei und so weiter. Jörg wusste sich nicht mehr zu helfen und bat um eine kurze Unterbrechung, wobei er im Vorbeigehen in einem Akt der Notwehr unauffällig die Fenster öffnete.

Jörg ging zu Jens ins Zimmer und fragte um Rat. Jens, der schon einige Jahre länger bei der Staatsanwaltschaft war, hörte sich die Sache an und meinte, er habe eine Idee.

Als Jörg dem Mann wieder gegenübersaß, kaute dieser nervös auf seinen Fingernägeln herum. Jörg sah ihn vielsagend an und erklärte: »Ich habe die Sache noch mal in Ruhe geprüft. Es handelt sich um eine Ausnahmesituation. Und in einer Ausnahmesituation ist auch eine außergewöhnliche Herangehensweise angezeigt.« Er schob dem Geheimnisträger einen kleinen Zettel zu, worauf das Postfach der Staatsanwaltschaft stand. »Ich gebe Ihnen hier ein geheimes Postfach der Staatsanwaltschaft. Wenn Sie die Unterlagen dort unter Ihrem Namen einreichen, gehen sie direkt bei dem zuständigen Staatsanwalt ein.« Der Mann war mehr als zufrieden und seine Gesichtszüge hellten sich erkennbar auf. Begeistert verließ er das Zimmer. Er hatte erreicht, was er wollte.

Die Leute verließen lachend die Kaffeerunde. Bei Mona und mir ließ die Stimmung jedoch schnell deutlich nach. Gerlinde hatte sich noch eine Tasse Kaffee nachgeschenkt und erklärte mit gequältem Gesicht, dass die Anklagen in den Schleuserverfahren noch nicht fertig seien und die Beweismittel nochmals überprüft werden müssten. Das würde wohl bis Ende Juni dauern. Mona war stinksauer (ich erst mal nur sprachlos) und meinte: »Komm schon, Gerlinde, klag die Dinger an und brüte nicht so dicke Eier aus.« Gerlinde winkte lächelnd ab: »Es sind zwei lange Anklageschriften, Mona. Dicke Anklagen können nur aus dicken Eiern kommen.«

Der unwirkliche Rechtsanwalt

Normalerweise entscheidet das Zufallsprinzip, welchem Staatsanwalt ein Ermittlungsfall zugeteilt wird. Oberstaatsanwalt Berndt ließ eingehende neue Verfahren immer der Reihe nach zuweisen. Ab und zu wählte er jedoch einen abweichenden Modus. So zum Beispiel, wenn eine Vielzahl gleich gelagerter, aber schwieriger Ermittlungsverfahren einging, bei denen die Bearbeitung in einer Hand sinnvoll war, um eine einheitliche Vorgehensweise sicherzustellen.

In diesem Sinne wurde ich von Oberstaatsanwalt Berndt zum zuständigen Staatsanwalt für eine größere Anzahl von Sozialhilfebetrugsfällen »ernannt«. Es ging um deutsche Staatsbürger, die alle vor mehr als dreißig Jahren aus der Türkei nach Deutschland eingewandert waren, später ihre Arbeit verloren und seit vielen Jahren Arbeitslosenunterstützung oder Sozialhilfe bezogen. Im Rahmen internationaler Abkommen hatte eine türkische Bank gegenüber deutschen Finanzämtern Angaben zu Zinseinkünften gemacht. Auf Nachfrage ergab sich, dass die Beschuldigten dort sehr hohe Einlagen hatten. In Berlin waren es mehr als hundert Beschuldigte, die seit Jahren von staatlicher Hilfe lebten und im Ausland Einlagen in Höhe eines sechsstelligen Eurobetrages hatten. Dieses Vermögen hatten sie gegenüber den zuständigen Stellen in Deutschland nie angegeben.

Anfang Juni ging Oberstaatsanwalt Berndt für drei Wochen in Urlaub und Jens, als Gruppenleiter, übernahm für den Zeitraum seiner Abwesenheit die Aufgaben des Abteilungsleiters. In dieser Zeit erfolgte die Verteilung der Akten nicht nach dem Zufallsprinzip. Jens ließ sich alle Neueingänge vorlegen, schaute sie kurz durch und überlegte sich, welcher Staatsanwalt sie erhalten sollte. Einmal rief er Maja und mich in sein Zimmer. Auf seinem Schreibtisch hatte er fein säuberlich zwei neue Ermittlungsvorgänge aufgebahrt. Wir sollten selbst entscheiden, wer welches Verfahren bekommen würde. Über den Inhalt verriet er uns nichts. Beide Ermittlungsverfahren sahen äußerlich nach einer Menge Arbeit (und damit nicht besonders einladend) aus. Der eine Stapel bestand bereits aus drei Akten, die durch einen Aktengurt zusammengehalten wurden. Es war also schon ein kleines Gürteltier. Waren weitere Ermittlungen notwendig, konnten aus den drei Aktenbänden auch schnell fünf oder sieben werden. Das zweite Verfahren umfasste zwar nur einen Aktenband. Jedoch gehörte ein geheimnisvoller Pappkarton mit unbekanntem Inhalt und ein Gegenstand dazu, der in einer blauen Plastiktüte steckte. Auch da ließ sich natürlich spekulieren, ob sich umfangreiche und noch auszuwertende Unterlagen in dem Karton befanden oder ob die Polizei vielleicht bald den nächsten Karton für dieses Ermittlungsverfahren vorbeibringen würde.

Jens ließ natürlich Maja den Vortritt. Wir mussten alle ein bisschen lachen. Es war wie bei einem Fernsehquiz, wo der Moderator fragt: »Wollen Sie lieber Tor A oder den braunen Umschlag und 200 Euro?«, und der Kandidat hilflos abwechselnd auf den braunen Umschlag und den Vorhang vor Tor A schaut. Schließlich entschied sich Maja für die

Akte mit dem Pappkarton. Es war ein Verfahren wegen versuchten Versicherungsbetruges (durch einen vorgetäuschten Einbruchsdiebstahl).

Mein Verfahren richtete sich gegen »Rechtsanwalt« Peter Schmitz. Der Tatvorwurf bestand im Wesentlichen in Betrug und Missbrauch einer Berufsbezeichnung. Alles lief auf die entscheidende Frage hinaus: War Peter Schmitz wirklich Rechtsanwalt? Er »residierte« in der Karl-Marx-Allee 22 und hatte bereits mehrere Mandanten, unter anderem auch in familienrechtlichen Verfahren, vertreten. Er flog auf, als er gegen ein amtsgerichtliches Urteil per Fax beim Amtsgericht am letzten Tag der Frist Berufung einlegte. Die dortige Richterin dachte, dass ein Anwalt eigentlich wissen müsse, dass es für die Wahrung der Berufungsfrist auf den Eingang der Berufung beim Berufungsgericht (in dem Fall dem Kammergericht Berlin) ankommt. Sie hielt Schmitz für einen Berufsanfänger und wollte ihn anrufen. Dabei musste sie feststellen, dass sein Briefkopf weder Telefon- noch Faxnummer enthielt. Verwundert rief sie bei der Rechtsanwaltskammer Berlin an, um die Nummer zu erfragen. Dort teilte man ihr mit, dass es nur einen Rechtsanwalt Peter Schmitz in Berlin gebe, dessen Kanzlei jedoch in der Grunewaldstraße liege. Es stellte sich heraus, dass dieser Peter Schmitz mit dem Verfahren nichts zu tun hatte.

Mittlerweile hatten sich bereits mehrere Mandanten des »Rechtsanwalts« Peter Schmitz aus der Karl-Marx-Allee 22 bei der Polizei gemeldet. In allen Fällen war die Vertretung durch den »Rechtsanwalt« eher unglücklich verlaufen. Mehrmals hatten die Mandanten vor Gericht mitbekommen, wie ein Richter oder der Rechtsanwalt der Gegenseite verwundert nachgefragt hatte, wo denn der Kollege sein

Examen gemacht habe, wenn er »eigentlich gar nichts« wisse. Auch die Honorarvereinbarungen von »Rechtsanwalt« Schmitz wirkten verdächtig. So agierte er beispielsweise in einem Fall für 20 Euro oder »einen Pott Kaffee und einen Zehner«.

Ich beriet mich mit Jens über das weitere Vorgehen. Er meinte, dass man jetzt bei der »Kanzlei Rechtsanwalt Schmitz« eine Durchsuchung durchführen müsse, um festzustellen, ob die Räume überhaupt als Kanzlei eingerichtet seien, in welchen Fällen er noch tätig sei und ob sich Unterlagen zu seiner beruflichen Qualifikation finden würden.

Ein paar Tage später bekam ich dann Besuch. Der in der Grunewaldstraße praktizierende Rechtsanwalt Schmitz erschien in meinem Zimmer und war völlig aufgebracht. Bei ihm hatten sich schon mehrere verärgerte Mandanten des vermeintlichen Rechtsanwalts aus der Karl-Marx-Allee gemeldet. Auch gab es zahlreiche Beschwerden über Telefon und Internet. Es kostete ihn erhebliche Mühe, die Verwechslung aufzuklären. Er befürchtete nun eine Rufschädigung seiner Kanzlei durch diese Negativwerbung unter seinem Namen.

Vier Wochen später kam die Ermittlungsakte von der Polizei zurück, beigefügt waren mehrere Pappkartons. Die Durchsuchung war erfolgreich durchgeführt worden. Bei der Auswertung der beschlagnahmten Unterlagen hatte sich gezeigt, dass es höchste Zeit für ein Eingreifen gewesen war. Aus »Rechtsanwalt Peter Schmitz« war mittlerweile die »Rechtsanwaltskanzlei Schmitz & Kollegen« geworden. Inzwischen vertrat er bereits über zwanzig Mandanten in laufenden Gerichtsverfahren. Gegenüber den Polizeibeamten agierte »Rechtsanwalt« Peter Schmitz relativ routiniert. Er protestierte sofort gegen die Beschlagnahme der Mandantenakten und verwies auf wichtige Gerichtstermine und Fristen. Auf die Frage, ob und wo er denn seine juristischen Staatsexamen gemacht habe, antwortete er prompt. Er habe beide Examen in Berlin abgelegt und sei jeweils mit den Abschlüssen »gut« unter den »Besten seines Jahrgangs« gewesen. Worauf der Polizeibeamte anmerkte, dass die »Kanzlei« in der einfach eingerichteten Wohnung nicht gerade nach der »Speerspitze der Juristerei« aussehe. Rasch beschied ihn »Rechtsanwalt« Schmitz: Alles sei etwas provisorisch, da er sich noch nicht entschieden habe, ob er sich dauerhaft in Berlin oder Dessau niederlassen wolle. Examenszeugnisse konnte er (merkwürdigerweise) nicht vorlegen. Er zeigte aber einen Seminarschein über »öffentliches Recht für Soziologiestudenten« vor, der seine Leistungen mit »gut« bewertete. Die Polizeibeamten sammelten alles ein und verließen unter dem Protest von »Rechtsanwalt« Schmitz die »Kanzleiräume«.

Zur Sicherheit rief ich beim Justizprüfungsamt Berlin an, wo die juristischen Staatsexamen abgenommen werden. Ein Mitarbeiter begab sich tief in den Keller, wo die Prüfungsunterlagen aller Juristen aufbewahrt werden, die jemals in Berlin ihr Staatsexamen abgelegt haben. Die Auskunft beendete die juristische Karriere des »Rechtsanwalts« Peter Schmitz aus der Karl-Marx-Allee endgültig. Der Mitarbeiter war bis in die sechziger Jahre zurückgegangen. Es gab nur einen in Berlin examinierten Juristen mit dem Namen Peter Schmitz, und der hatte seine Kanzlei in der Grunewaldstraße.

Kriminaloberkommissar Konrad erhält Post

Kriminaloberkommissar Konrad sah die Post auf seinem Schreibtisch durch. Ganz unten lag ein gerichtliches Ladungsschreiben für die Große Strafkammer des Landgerichts Berlin. Konrad öffnete den Brief und las: »In der Strafsache gegen Sinan H.« Anhand des staatsanwaltschaftlichen Aktenzeichens und seiner Unterlagen konnte er die Ladung einem Ermittlungsverfahren zuordnen. Erika und Werner L. hießen die Geschädigten. Er kniff die Augen zusammen und dachte einen Moment nach. Bei den vielen Raubtaten konnte man schnell einen Vorgang aus den Augen verlieren, vor allem, wenn man ihn ein oder zwei Jahre nicht auf dem Tisch gehabt hatte. Richtig! Der Raubüberfall auf den kleinen Laden in der Nähe des S-Bahnhofs Warschauer Straße. Er hatte eine zweite Überprüfung auf DNA-Spuren bewilligt bekommen und dabei hatte es einen Treffer gegeben. Nach dem Täter war gefahndet worden. Offensichtlich erfolgreich! Konrad musste ein wenig schmunzeln. Seine Arbeit war oft frustrierend. Er musste gegen alle möglichen Widrigkeiten kämpfen. Aber wenn er dann einen Beschuldigten überführen konnte, er am Haken zappelte, war all das vergessen. Er ging den Fall noch einmal in Gedanken durch. Gemessen daran, womit sich das Raubdezernat sonst befasste, war der Überfall auf den Tante-Emma-Laden eher eine kleine Angelegenheit.

Trotzdem, die Tat war hässlich, gemein und stank zum Himmel. Dafür, dass er in solchen dreckigen Fällen für etwas Gerechtigkeit sorgen konnte, liebte er seinen Job.

Aber noch war die Angelegenheit nicht erledigt. Entscheidend war schließlich, ob auch das Gericht zu einer Verurteilung kommen würde. An ihm sollte es nicht liegen. Auf seine Termine als Zeuge bereitete er sich immer eingehend vor und versuchte möglichst auf alle Eventualitäten gefasst zu sein. Vor Gericht konnte man nie wissen. Sein Chef sagte dazu immer, dass Kühe manchmal auch direkt vor der Apotheke sterben würden.

Ähnlich skeptisch war auch sein Kollege in Chemnitz, den er am nächsten Tag anrief, um sich über den Ausgang des dortigen Verfahrens zu erkundigen. Konrad musste zugeben, dass auch er, bei all seiner Berufserfahrung, den Freispruch angesichts der Beweislage – und nach dem Fluchtversuch – nur schwer verkraftet hätte. Leider ließ der Chemnitzer Freispruch für den Prozess in Berlin nichts Gutes erwarten. Innerlich stellte sich Konrad auf alles ein. Aber konnte Sinan H. zweimal solches Glück haben? Letztlich ging es Kommissar Konrad nicht nur um eine Verurteilung. Er hoffte, dass Sinan H. die Tat gestehen und auch seine Mittäter benennen würde. Dies allein würde sicherlich nicht für deren Verurteilung reichen. Aber eine DNA-Probe konnte dann Sicherheit verschaffen. Sie hatten bestimmt noch weitere Taten begangen, und Konrad hatte eine ganze Menge offener DNA-Spuren von unbekannten Tätern.

In sechs Wochen sollte die Hauptverhandlung gegen Sinan H. beginnen. Zeuge Kriminalkommissar Konrad würde bereit sein.

Gerlinde kämpft an allen Fronten

Die Vertretung des Dezernats von Gerlinde wurde langsam auch ein psychisches Problem. Das lag nicht unbedingt am Umfang der zusätzlichen Akten, die Mona und ich zu bearbeiten hatten. Schwieriger war es schon, häppchenweise über immer weitere Wochen der Vertretung ihres Dezernats informiert zu werden. Wirklich anstrengend war es aber, den Ansprüchen von Gerlinde selbst zu genügen. Sie schaffte es nicht, sich einfach nur auf ihre Schleuserverfahren zu konzentrieren. Ständig musste sie kontrollieren, wie wir ihre Ermittlungsverfahren bearbeiteten. Gerlinde war wie eine Glucke und wir die Eindringlinge, die ihr die Küken, ihre Ermittlungsverfahren, weggenommen hatten. Häufig hielt sie Mona oder mir einen Vortrag, dass in einem bestimmten Verfahren nicht so, sondern anders vorgegangen werden müsse. Letztlich führte dies dazu, dass sich Gerlinde den halben Tag doch wieder mit ihren Ermittlungsakten befasste und mit den Schleuserverfahren nicht vorankam. Dadurch verlängerte sich natürlich wieder die Zeit der Vertretung. Eine Situation, mit der keiner von uns dreien glücklich war und die einer endlosen Spirale glich.

Eines der von mir übernommenen Ermittlungsverfahren überwachte Gerlinde besonders genau. Es ging um einen Häftling in Berlin-Grünau. Er war in Abschiebegewahrsam und sollte demnächst in seine Heimat, nach Afrika, ausgeflogen werden. Bereits seit zwei Tagen befand er sich im Hungerstreik, als er an einem Samstagabend dem Wärter gesundheitliche Probleme meldete. Er klagte über Schmerzen im Brustbereich. Dieser informierte den zuständigen Kollegen Christian W. vom Haftpersonal, der einen medizinischen Ausbildungsberuf erlernt hatte, jedoch kein Arzt war. Das EKG-Gerät war gerade defekt, es gab jedoch einen Defibrillator. Dieser sogenannte Schockgeber wird bei gefährlichem Flimmern der Herzkammern zur Wiederbelebung (bzw. um wieder einen normalen Puls zu erzeugen) eingesetzt. Das Gerät verfügte aber auch über einzelne Funktionen eines EKG. Damit führte der Mitarbeiter Messungen der elektrischen Impulse am Herzmuskel des Häftlings durch, die unauffällig blieben. Er schickte ihn mit der Bemerkung, ihm fehle nichts, zurück in die Zelle. Zwei Stunden später alarmierten ihn Mithäftlinge erneut, da der Afrikaner kaum ansprechbar war. Christian W. entschied sich nun, den Mann in die Notaufnahme eines Krankenhauses zu bringen. Der behandelnde Oberarzt war ziemlich wütend, dass er nicht früher eingeliefert worden war. Nur durch eine schwierige Notoperation konnte sein Leben gerettet werden. Ein Defibrillator sei nicht geeignet, akute Herzerkrankungen sicher auszuschließen.

Die Presse erfuhr von dem Fall, und es standen kleinere Artikel in den Berliner Zeitungen. Es gab Anfragen der Presse an die Berliner Staatsanwaltschaft, sodass sich deren Pressesprecher schon in unserer Abteilung nach dem Fall erkundigt hatte. Generell ist das Prozedere des Abschiebegewahrsams von politischer Brisanz. Häufig ist von einem angeblich zu harten und unmenschlichen Umgang mit den illegalen Einwanderern und abgelehnten Asylbewerbern die Rede. Andererseits ist allen bewusst, dass der Vollzug der Abschiebung eine schwierige und anspruchsvolle Tätigkeit darstellt. Dies gilt insbesondere auch deshalb, weil die Betroffenen oftmals alles Mögliche probieren, um die Abschiebung zu verhindern. Das Personal muss mit Hungerstreik und Selbstverletzungen klarkommen.

Gerlindes Fall bot aus meiner Sicht keine Anhaltspunkte für eine besonders hartherzige und unmenschliche Einstellung des Personals. Sicherlich war es grob fahrlässig, den Häftling zunächst nur mit dem Defibrillator zu untersuchen und nicht gleich ins Krankenhaus einzuliefern. Andererseits hatte der Mitarbeiter ihn zwei Stunden später in die Notaufnahme gebracht. Insofern konnte ich ihm nicht unterstellen, dass er generell keinen Rettungswillen gehabt hatte. Er hätte nur die Gefährdungssituation früher erkennen müssen. Ich entschied mich daher, beim Amtsgericht den Erlass eines Strafbefehls zu beantragen, wonach der Beschuldigte zu einer Geldstrafe verurteilt werden sollte. Im Unterschied zu einer Anklage konnte Christian W. den Strafbefehl akzeptieren, es musste also nicht zwingend zur Hauptverhandlung kommen. Gerlinde war damit aber gar nicht einverstanden. Sie meinte, der Beschuldigte solle nochmals zur Vernehmung bei der Staatsanwaltschaft, also bei mir, geladen werden. Ausführlich erläuterte sie mir, wie es ihr schon gelingen werde, dessen ausländerfeindliche Einstellung zu »entlarven«. Dann könne auch eine Freiheitsstrafe in Betracht kommen. Ich war dagegen, zumal die Polizei Christian W. bereits ausführlich vernommen hatte. Auch sonst sah es mit der Beweislage in diesem Fall gar nicht so gut aus. Nach der Notoperation hatte man sich entschieden, den Häftling zu entlassen. Sein Aufenthaltsort war unbekannt. Die Mithäftlinge, welche die Geschehnisse mitbekommen hatten, waren inzwischen abgeschoben worden und standen somit nicht als Zeugen zur Verfügung. Die Diskussion zog sich hin. Schließlich schaltete sich Jens ein, der durch die Durchgangstür zu seinem Zimmer alles mitbekommen hatte. Jens meinte, dass es im Moment nicht die Ermittlungsverfahren von Gerlinde seien und sie es hinnehmen müsse, dass andere Staatsanwälte andere Verfahrensweisen bevorzugten. Damit war das Thema vorerst beendet. Gerlinde stapfte enttäuscht in ihr Zimmer. Dort warteten schon die beiden Schleuserverfahren auf sie. Es waren wirklich große Verfahren. Ein paar Tage zuvor war ich zufällig in ihrem Zimmer gewesen. Dort stapelten sich in den Ecken und sogar auf dem Schrank mehrere große beschriftete Kartons. Einige standen geöffnet neben ihrem Schreibtisch. Sie enthielten unzählige Aktenordner, mit denen auch die beiden Tische in dem Zimmer vollgestellt waren.

Gerlinde kann nicht mehr

Im weiteren Verlauf des Monats Juni gab es (neben meinem viel zu kurzen Urlaub) zwei wichtige Ereignisse, die unsere Abteilung betrafen. Zum einen wurde uns eine weitere Staatsanwältin zugewiesen: Frau Eggers, die bereits kurz vor Vollendung ihres 65. Lebensjahres stand – drei Monate fehlten ihr noch zur Pensionierung. Eine sehr nette und umgängliche Kollegin, die in einer anderen Abteilung bis zur Gruppenleiterin (also rechten Hand des dortigen Leiters) aufgestiegen war. Als dieser Oberstaatsanwalt in einen anderen Bereich wechselte, bekam Frau Eggers mit der Nachfolgerin viel Ärger, was mehr oder weniger vorprogrammiert war. Vor vierzig Jahren, als Frau Eggers bei der Staatsanwaltschaft ihren Dienst antrat, war das eine Welt ohne Computer, Drucker und so weiter. Anklagen, Strafbefehlsanträge oder Verfahrenseinstellungen tippte man auf der Schreibmaschine, machte Durchschläge mit Blaupapier und korrigierte Rechtschreibfehler mit Tipp-Ex. Das war alles deutlich zeitaufwändiger als heute, wo man Masken im Computer abspeichern, Fehler schnell korrigieren und Schriftsätze ausdrucken kann. Gerlinde (die auch schon seit ungefähr dreißig Jahren bei der Staatsanwaltschaft war) erzählte, dass sie anfangs mal wegen achtunddreißig offenen Verfahren zum Hauptabteilungsleiter zitiert worden war. Das sei damals sehr viel gewesen.

Heutzutage waren aber hundert und mehr offene Verfahren in dem Dezernat eines Staatsanwalts normal, und ohne technische Hilfsmittel waren die hohen Eingangszahlen schlichtweg nicht mehr zu bewältigen. Frau Eggers war es nie gelungen, sich die Benutzung von moderner Technik anzueignen. Woran es genau lag, wussten wir nicht. Jedenfalls tippte sie nach wie vor ihre Schriftsätze auf ihrer eigenen alten Reiseschreibmaschine und machte Durchschläge mit Blaupapier. Das führte dazu, dass die Zahl der offenen Verfahren in ihrem Dezernat immer größer wurde und sie sich schließlich eingestehen musste, dass sie mit der täglich in ihr Zimmer strömenden Aktenflut überfordert war. Die anderen Staatsanwälte der Abteilung mussten laufend einspringen und Frau Eggers unterstützen. Dies führte zu Spannungen. Schließlich entschied die neue Abteilungsleiterin, dass Frau Eggers ausschließlich für die Asservatenverfügungen (und zwar für die gesamte Abteilung) zuständig war. Sie kommunizierte von da ab nur noch mit der Asservatenstelle und beantwortete Schreiben von Geschädigten oder Beschuldigten, die irgendwelche beschlagnahmten Gegenstände zurückhaben wollten. Eine sehr einseitige und trostlose Tätigkeit. Auf Dauer zermürbend. Fieberhaft suchte die Behördenleitung nach einer Lösung, um die Abteilung zu entlasten und Frau Eggers, einer altgedienten Staatsanwältin, eine annehmbare Tätigkeit zu verschaffen, die es ihr auch ermöglichte, ihr Gesicht zu wahren. Schließlich hatte man die gute Idee, Frau Eggers aus der Abteilung herauszunehmen und ihr ein halbes Dezernat zuzuteilen. Man war der Ansicht, dass Frau Eggers dies schaffen konnte. Voraussetzung war natürlich, dass in der neuen Abteilung ein angenehmes Arbeitsklima herrschte, sie also von einem besonders netten und rücksichtsvollen Kollegen geleitet wurde. Mit zwei Worten: Oberstaatsanwalt Berndt!

Das zweite Ereignis betraf die Vertretung des Dezernats von Gerlinde. Ende Juni sollten die Schleuserverfahren ja »voraussichtlich« abgeschlossen sein. Mona und ich überlegten schon, wie wir uns bei Gerlinde unauffällig nach dem Stand der Dinge erkundigen konnten, als Gerlinde plötzlich im Café Jura meinte, dass »irgendetwas« mit ihrem Rücken »nicht in Ordnung« sei. Eine Stunde später verabschiedete sie sich und ging aufgrund erheblicher Schmerzen zum Arzt. Zwei Tage darauf bekamen wir Gewissheit. Gerlinde hatte sich einen Bandscheibenvorfall eingehandelt, als sie die Kiste eines Schleuserverfahrens, voll gepackt mit Aktenordnern, von dem Schrank in ihrem Zimmer herunterholte. Sie war den ganzen Juli krankgeschrieben. Mona rief wehklagend in die Kaffeerunde: »Ach, hätte Gerlinde bloß was gesagt. Ich hätte ihr bei der Kiste doch geholfen.« Alle mussten lachen. Mona war zwar drahtig und quirlig, aber nur 1,65 m groß. Jörg meinte grinsend, Mona solle froh sein, dass sie ihren Bügel mit der Robe allein in ihrem Schrank aufhängen könne.

»Noch einen Monat vertreten«, nörgelte ich. »Wieso einen Monat?«, fragte Jörg. »Weißt du nicht, dass Gerlinde ab 1. August fünf Wochen Urlaub hat?« Jens schüttelte den Kopf und meinte, vor September gehe es also mit den Schleuserverfahren nicht weiter. Mona und ich schauten hilfesuchend zu Oberstaatsanwalt Berndt, der aber nur stirnrunzelnd das Zimmer verließ.

Zwei Stunden später war er jedoch wieder lächelnd bei mir im Zimmer. Frau Eggers würde die Vertretung eines halben Dezernats von Gerlinde übernehmen. Dann musste ich nur noch ein Viertel ihres Dezernats vertreten. Gleiches galt für Mona. Eine wirklich gute Lösung. Mit der dauerhaften Vertretung in diesem Umfang konnte ich leben.

Hinter den Mauern von Moabit

Sinan war in der Justizvollzugsanstalt Berlin-Moabit eingetroffen. Der Transport von Chemnitz über eine Haftanstalt in Halle nach Berlin hatte zehn Tage gedauert. Die Überführung war sehr nervig gewesen, da es aufgrund der kurzen Aufenthalte weder in Chemnitz noch in Halle die Möglichkeit gegeben hatte, ihn in den normalen Rhythmus der Haftanstalt einzupassen. Eine nochmalige Chance zur Flucht hatte sich ihm natürlich nicht eröffnet. Er wurde gut bewacht. Sobald er seine Zelle oder das Transportfahrzeug verlassen musste, waren seine Arme mit Handschellen gefesselt und über eine Kette mit einer Fußfessel verbunden worden. Außerdem hielten ihn dann die Wärter fest.

Er kam in eine kleine Zelle, die zu seinem Erstaunen auf drei Personen ausgelegt war. Wie groß war sie? Er schätzte sie auf vielleicht 12 bis 13 m^2. Alles war sehr eng, zumal sich in der Zelle noch der Toilettenbereich mit WC und Waschbecken befand, der nur durch eine spanische Wand provisorisch vom Rest der Zelle abgetrennt war. Und diesen Platz musste er sich mit zwei Leuten teilen. Das war ja wie im Affenhaus! Sinan verfluchte innerlich das Ermittlungsverfahren in Berlin. Zwar wäre er auch ohne dieses noch nicht auf freiem Fuß, die für den Diebstahl einer Wodkaflasche zu erwartende Strafe hätte er jedoch in einer anderen Strafanstalt unter wesentlich angenehmeren Bedingungen abbüßen können. So aber saß er immer noch in Untersuchungshaft und musste unter den miesen Bedingungen leiden. Das war einfach ungerecht. Nach so langer Zeit konnte man ihn doch nicht verurteilen. Warum sollte es nicht auch hier, wie in Chemnitz, einen Freispruch geben. Also musste er nur noch den Prozess abwarten.

Er registrierte erleichtert, dass das dritte Bett leer war. Ganz so eng würde es dann glücklicherweise doch nicht werden. Den anderen Häftling, Rainer, schätzte er auf ungefähr vierzig Jahre. Die ersten Gespräche mit ihm ergaben, dass er wegen ähnlicher Strafvorwürfe auf seine Verhandlung wartete. Rainer meinte, dass diese Zellen normalerweise von zwei Personen benutzt wurden. Wegen der chronischen Überbelegung der Justizvollzugsanstalten kam es jedoch ab und zu vor, dass man sich die Zelle zu dritt teilen musste. Rainer schien ganz in Ordnung zu sein. Mit ihm würde er schon zurechtkommen.

Ansonsten musste er sich weiterhin mit dem tristen Alltag eines Untersuchungshäftlings abfinden. Schon um 6:15 Uhr wurde man geweckt und ab 6:45 Uhr gab es Frühstück. Ab 7:30 Uhr hatten die Häftlinge dann in einer genau festgelegten Reihenfolge eine Stunde Hofgang unter freiem Himmel. Auf diese Stunde legte Sinan sehr viel Wert. In der Zelle war es recht dunkel und muffig. Ab 11:45 Uhr wurde Mittagessen verteilt und ab 16:45 Uhr das Abendessen. Danach erfolgte bereits der Einschluss in die Zelle bis zum nächsten Morgen. Das war die nervigste Zeit. Einen Fernseher gab es in der Zelle nicht. Sie hatten aber die Möglichkeit, sich in der Bibliothek Bücher oder Zeitschriften auszuleihen.

Die Besuchsregelung war eine Katastrophe. Rainer

schimpfte regelmäßig darüber. Grundsätzlich durfte man nur einmal alle zwei Wochen Besuch empfangen. Das Verfahren war zudem sehr umständlich. Zunächst musste mit der Justizvollzugsanstalt ein Besuchstermin vereinbart werden, einfach mal vorbeizukommen, war nicht möglich. Anschließend hatte sich der Besucher von der Geschäftsstelle der Staatsanwaltschaft (oder wenn bereits Anklage erhoben wurde, von der Geschäftsstelle des Gerichts) einen sogenannten Sprechschein zu besorgen, die offizielle Genehmigung. Natürlich war es möglich, dass ein Justizbediensteter bei dem Gespräch mithörte.

Sinan war das im Prinzip egal, da er ohnehin niemanden hatte, der ihn besuchen wollte. Sein kleiner Freundeskreis wohnte nicht in Berlin und es wollte keiner von denen kommen, obwohl er ihnen geschrieben hatte. Zu seinen früheren Komplizen hatte er aus guten Gründen derzeit keinen Kontakt.

Für Rainer war das ein größeres Problem. Er stammte aus Berlin und trotz mehrfachen Protests durfte ihn seine Freundin nicht besuchen. Das wurde mit Verdunklungsgefahr begründet. Es bestand der Verdacht, dass seine Freundin irgendwie auch in die Taten verwickelt war, die ihm vorgeworfen wurden. Wenigstens durfte seine Freundin ihm etwas Geld auf ein Konto der Justizvollzugsanstalt überweisen. Die Verhältnisse hier drinnen musste man schon als karg bezeichnen, so aber konnte Rainer in einem kleinen Laden Süßigkeiten und anderes kaufen. Er gab Sinan häufiger etwas ab, wofür Sinan wirklich dankbar war. Er hatte schließlich niemanden, der ihm Geld schickte. Der Tagesablauf in der Vollzugsanstalt ging Rainer mächtig auf die Nerven. Er hatte sich bereits mehrmals, aber bisher erfolglos um eine Arbeit in der Vollzugsanstalt beworben, da er nicht den ganzen Tag in der Zelle über seine Tatvorwürfe und eine vielleicht dunkle Zukunft nachdenken wollte.

Die Justizvollzugsanstalt Moabit war grundsätzlich nur für die Untersuchungshaft vorgesehen. Aufgrund der ständigen Überbelegung der anderen Berliner Vollzugsanstalten waren jedoch gut die Hälfte der Insassen keine Untersuchungshäftlinge, sondern Strafgefangene. Sie waren bereits rechtskräftig verurteilt und büßten eine Freiheitsstrafe ab. Es dauerte oft sehr lange, bis diese Strafgefangenen in andere Haftanstalten verlegt werden konnten. In der Justizvollzugsanstalt Moabit wurden über dreihundert Arbeitsstellen angeboten, die aber aufgrund der hohen Fluktuation unter den Häftlingen nicht alle ständig belegt waren. Dem standen mehr als zwölfhundert Häftlinge gegenüber. Der wesentliche Teil dieser Arbeiten hatte mit der Eigenversorgung zu tun (Hausreinigung, Essensausgabe usw.). Die Stellen im handwerklichen Bereich, es gab u.a. eine Malerei, eine Gärtnerei, eine Kfz-Werkstatt, setzten oft eine entsprechende Qualifikation voraus. Die Arbeiten konnten grundsätzlich auch von Untersuchungshäftlingen wahrgenommen werden. Dafür mussten sie aber besondere Genehmigungen einholen.

Außerdem wurde eine sozialpädagogische Betreuung angeboten. An bestimmten Tagen konnte man sich von ehrenamtlichen Personen beraten lassen, etwa über straf- oder ausländerrechtliche Fragen. Schließlich gab es auch kulturelle Veranstaltungen wie Theatervorführungen oder Lesungen. Aber auch hier benötigten Untersuchungshäftlinge eine richterliche oder staatsanwaltschaftliche Genehmigung.

Der Prozess gegen Sinan würde in vier Wochen beginnen. Nächsten Dienstag hatte Sinan einen Termin mit seinem Pflichtverteidiger aus Chemnitz, der ihm auf seinen Wunsch hin auch in dem Berliner Verfahren beigeordnet worden war. Dann würden sie über den anstehenden Prozess sprechen.

Neue Chance – neues Glück? Berufungen in Strafsachen

Der Juli kam und mit ihm gut drei Wochen Sommerhitze. Im Altbau des Kriminalgerichts Moabit war das aber kein Problem. Selbst bei Temperaturen von weit über dreißig Grad blieb es in unseren Räumen stets angenehm kühl. In den Anbauten sah es da teilweise ganz anders aus. Insbesondere in den Sitzungssälen im C-Bau, der aus den fünfziger Jahren stammte, herrschte eine flimmernde Hitze. Ab und an musste ich dorthin zu Sitzungsvertretungen. Es war eine Qual für alle Beteiligten. Bei der kleinsten Bewegung floss der Schweiß in Strömen. Richter und Verteidiger hatten wie ich ihre schwarzen Roben an, unter denen sich die heiße Luft staute. Niemand trug Shorts darunter oder Sandalen, aber alle hätten es gern getan. Mich hätte es nicht gewundert, wenn aus der verkleideten Richterbank ein Plätschern zu hören gewesen wäre. Vielleicht ein kaltes Fußbad. Irgendjemand hätte dann ab und zu (im Sinne der Erhaltung einer funktionsfähigen Rechtspflege) Eiswürfel zum Nachfüllen gebracht. Schließlich muss ein Richter zweimal die Woche den ganzen Tag in diesem Sitzungssaal verbringen.

Mona und ich waren jetzt nicht mehr die Einzigen, die Akten eines Kollegen bearbeiten mussten. Es war Haupturlaubszeit, sodass in unserer Abteilung stets mindestens zwei weitere Staatsanwälte fehlten. Einen Rückgang der eingehenden neuen Ermittlungsverfahren konnte ich hingegen nicht feststellen. Bei der Begehung von Straftaten gibt es offensichtlich kein Sommerloch. Trotzdem kam ich mit der Arbeitsbelastung in meinem Dezernat jetzt ganz gut zurecht. Das lag zum einen natürlich daran, dass ich nur noch ein Viertel des Dezernats von Gerlinde vertreten musste. Zum anderen kannte ich mittlerweile den Großteil meiner offenen Verfahren. Ältere Akten, die nach längeren Ermittlungen von der Polizei wieder zur Staatsanwaltschaft zurückgeschickt wurden, waren mir eben schon vertraut. Ich musste nicht nochmals ganz von vorn anfangen zu lesen. Das war am Anfang anders gewesen. Da kannte ich schließlich keine einzige Akte.

In dieser Zeit hatte ich häufig Sitzungsvertretungen in Berufungsverhandlungen zu übernehmen. Berufungen gibt es im Strafrecht nur gegen Entscheidungen des Amtsgerichts. Bei den schweren Fällen, die vor dem Landgericht verhandelt werden, ist nur eine Revision vor dem Bundesgerichtshof möglich. Die Sitzungsvertretung in den Berufungsverhandlungen ist häufig unspektakulär. Der Ablauf ist in gewisser Weise vorgegeben. Schließlich liegt bereits eine Entscheidung der ersten Instanz vor. Dort ist der Prozessstoff, meist im Rahmen einer Beweisaufnahme, schon einmal untersucht worden. Ist in der ersten Instanz eine Verurteilung erfolgt, geht es der Verteidigung meist nicht darum, einen Freispruch zu erreichen. Vielmehr ist sie auf eine mildere Strafe aus, um das »Schlimmste« zu verhindern. Reichten die Beweismittel in der ersten Instanz für eine Verurteilung aus, muss der Angeklagte dies auch in der Berufung fürchten. Also wird jetzt häufig die Strategie geändert. Es kommt nun oft zu Geständnissen, wo es in der ersten Instanz noch empörte Rufe und Unschuldsbeteuerungen gab. Mit einem Geständnis kann man in der Berufung nicht selten eine Strafmilderung erreichen. Denn der Angeklagte bringt damit zum Ausdruck, dass er sich von den Taten distanziert hat und sich zukünftig rechtstreu verhalten will. Vielfach geht es um die Frage, ob der Angeklagte wirklich ins Gefängnis muss oder noch eine letztmalige Chance durch eine Strafaussetzung zur Bewährung erhalten kann. Dies ist nur möglich, wenn die Freiheitsstrafe nicht mehr als zwei Jahre beträgt. Es wird dann eine Bewährungszeit von bis zu fünf Jahren festgesetzt. Kann man dem Angeklagten in dieser Zeit keine weiteren Straftaten nachweisen, muss er die Freiheitsstrafe nicht absitzen. Sie wird ihm erlassen. Für viele Angeklagte ist die Frage: Bewährung ja oder nein? von existenzieller Bedeutung. Das ist auch verständlich, wenn man an den möglichen Verlust des Arbeitsplatzes oder an Familienangehörige denkt. Ich erlebte, wie die Angeklagten diesbezüglich in der Berufungsverhandlung beim Gericht immer auf ein offenes Ohr stießen. Mancher Angeklagte wollte diese »letztmalige Chance« aber auch zwei- oder dreimal haben. Dies war dann aber meist nicht von Erfolg gekrönt. Die Verteidigung präsentierte häufig positive Berichte der Bewährungshelfer oder die Aufnahme eines neuen Arbeitsverhältnisses des Angeklagten, der vorher vielleicht arbeitslos gewesen war. Bei genauerer Überprüfung stellte sich dieses Arbeitsverhältnis dann oft als unverbindliches Vorstellungsgespräch dar, das manchmal auch noch gar nicht stattgefunden hatte, sondern vom Angeklagten nur »geplant« war. In einigen Fällen bekamen die Angeklagten dann ganz unverblümt vom Gericht zu hören, dass man einfach nicht genug Fantasie habe, um sich eine straffreie Zukunft des Wiederholungstäters in einer Bewährungszeit vorzustellen.

Aber auch der Staatsanwalt kann auf fehlendes Verständnis des Gerichts stoßen, wenn er sich nach einem Freispruch in der ersten Instanz in der Berufungsverhandlung eine Verurteilung des Angeklagten erhofft. Maja musste mittlerweile auch als Staatsanwältin an Hauptverhandlungen teilnehmen. Mitte Juli kam sie einmal völlig geknickt aus einer Berufungsverhandlung. Es ging um versuchten Versicherungsbetrug und der Vorsitzende der Berufungskammer hatte ihr ganz schön zugesetzt. Die Angeklagten hatten vor dem Zivilgericht Schadensersatz für einen Autounfall eingeklagt. Die Richterin im Zivilverfahren ließ sich zunächst den Unfallhergang schildern und nahm dies ins Sitzungsprotokoll auf. Dabei mussten die Kläger mit Spielzeugautos den Unfallhergang nachstellen. Erst dann holte die Richterin ein Sachverständigengutachten zur Rekonstruktion des Unfalls ein. Dabei kam heraus, dass der Unfall sich nicht wie geschildert abgespielt haben konnte. Die Richterin wies die Zivilklage ab. Da es aus ihrer Sicht weitere Indizien gab, schickte sie die Akte zur Staatsanwaltschaft wegen des Verdachts auf versuchten Versicherungsbetrug. In der ersten Instanz gab es einen Freispruch. Schon als Maja den Sitzungssaal des Berufungsgerichts betrat, wurde sie vom Vorsitzenden gefragt, wer denn diese »komische« Anklage verfasst habe. Es sei doch klar, dass die Angeklagten vom Polizeibeamten am Unfallort und dann auch bei der mündlichen Verhandlung vor dem Zivilgericht falsch verstanden worden seien. Maja erwiderte vorsichtig, dass sich für sie aus der Ermittlungsakte dieses Versehen nicht so klar ergäbe. Man müsse dann wohl die Zivilrichterin als Zeugin hören. Der Vorsitzende erwiderte ungehalten, das würde doch nichts bringen. Die beiden Verteidiger stöhnten und meinten, dass das alles Quatsch sei. Maja fühlte sich plötzlich ziemlich alleine. Als dann auch der Polizeibeamte nicht erschien, der die »falsch verstandenen« Angaben am Unfallort aufgenommen hatte, meinte der Vorsitzende, dass man auf den Zeugen doch auch verzichten könne. Nun aber protestierte Maja und beantragte zudem, zu einem neuen Termin sowohl den Polizeibeamten als auch die Zivilrichterin zu laden. Der Vorsitzende und die Verteidiger waren verärgert. Schließlich kam der Vorsitzende dem Wunsch der Staatsanwaltschaft jedoch nach. Maja fühlte sich etwas besser. So großer »Quatsch« schien das mit den Zeugen doch nicht zu sein. Insgesamt war sie aber ziemlich fertig.

Der neue Zellennachbar

Es war früher Nachmittag. Rainer und Sinan lagen träge auf ihren Betten. Rainer las einen Roman und Sinan hatte eine Zeitung aufgeschlagen. Es war ziemlich warm und sie unterhielten sich nicht viel. Die Stimmung war gereizt. Um die Hitze zu ertragen, hatten sie stets die Fenster zum Gefängnishof geöffnet. Der Nachteil war, dass ständig irgendein Idiot aus seiner Zelle irgendwelches Zeug in den Gefängnishof brüllte, was vor allem nachts schier unerträglich war, wenn man am Schlafen gehindert wurde.

Plötzlich rasselte der Schlüssel und die Zellentür ging auf. Wärter schoben einen weiteren Häftling in die Zelle, zeigten ihm das leere Bett und wollten die Zellentür von außen wieder verschließen. Sofort sprang Rainer wütend an die Tür und schlug mit den Fäusten dagegen:

»Das könnt ihr vergessen. Hier ist alles voll. Drei Leute in der kleinen Zelle bei dieser Hitze. Ihr spinnt wohl!« Die Wärter öffneten nochmals die Tür und erwiderten gelangweilt, dass Rainer ja Beschwerde einlegen könne. Für die hohen Belegungszahlen könnten sie schließlich auch nichts.

Jetzt schaltete sich der neue Häftling ein. Sinan schätzte ihn auf höchstens fünfundzwanzig Jahre. »Ich verwahre mich gegen diese Behandlung. Ich bin ein politischer Gefangener. Ich lasse an mir kein Exempel statuieren. Sie können mich doch nicht mit gewöhnlichen Kriminellen zusammensperren. Das hat ein Nachspiel. Und wenn ich bis zum Europäischen Gerichtshof gehen muss.«

Die Zellentür fiel ins Schloss. Ungläubig starrte der neue Häftling auf die Tür. Als er sich umdrehte, hatte er in zehn Zentimetern Entfernung das wütende Gesicht von Rainer vor der Nase: »Gewöhnliche Kriminelle, ja?« Rainer ging wieder zu seinem Bett zurück und zischte ihm mit zusammengekniffenen Augen zu: »Am besten, du fängst noch mal ganz von vorne an, Kumpel. Das ist Sinan und ich bin Rainer.« »Benjamin«, erwiderte der Häftling kleinlaut mit rotem Gesicht. »Nichts gegen euch, aber den Kampf gegen die Globalisierung und die Kapitalistenschweine führen wir schließlich auch für euch. Mit diesen Maßnahmen hier versucht man uns mundtot zu machen. Das Gericht wird schon bald die Rechtfertigung für mein Handeln erkennen und mich freilassen.« »Ja, klar«, gähnte Rainer. Benjamin erzählte, was ihm »zugestoßen« war. Er war 23 und nach Berlin gekommen, um Soziologie zu studieren. Hier hatte er sich schnell einer Gruppe angeschlossen, die sich gegen die Globalisierung sowie Hab- und Machtgier der Reichen richtete. Durch spektakuläre Aktionen in der Berliner Innenstadt wollten sie auf ihre Ziele aufmerksam machen. Zunächst hatten sie sich an Ampelanlagen von Hauptstraßen postiert. Sie lauerten teuren Cabriolets auf und warfen während der Rotphase, wenn die Autos warten mussten, gefüllte Plastiktüten mit übel riechenden Fäkalien in die Fahrzeuge. Die Tüten platzten und liefen in den Fahrzeugen aus. Solche Aktionen alleine reichten natürlich nicht aus. Vor einiger Zeit waren sie ins Ausland gefahren, um in Göteborg zu demonstrieren, wo gerade der EU-Gipfel stattfand. Sie waren der Ansicht, dass nur klar sichtbare Aktionen in der

Nähe der Regierungschefs etwas brachten. Das widersprach nun wieder dem Sicherheitskonzept der Polizei und führte schließlich zu regelrechten Straßenschlachten. Dabei hatte Benjamin »aus reiner Notwehr« auch ein paar Pflastersteine auf Polizeibeamte geworfen. Außerdem hatte er sich an Steinwürfen »gegen das Kapital« beteiligt. Sinan und Rainer hatten so eine Ahnung, dass damit so ziemlich jeder gefährdet gewesen war, der sich an diesem Tag in einer Bankfiliale aufgehalten hatte.

In Göteborg waren derartige Massenausschreitungen bis dahin nicht vorgekommen. Die Polizei war jedenfalls auf die vielen gewalttätigen Demonstranten nicht vorbereitet. Sie bekam die Straßenschlachten nicht in den Griff, und so zogen sie sich über Stunden in der gesamten Innenstadt hin. Zweitausend Polizeibeamte waren drei Tage lang im Einsatz. Bei späteren EU- und G8-Gipfeln sah man sich aufgrund dieser Vorfälle gezwungen, den Sicherheitsstandard erheblich zu erhöhen.

Da die Polizei die Lage kaum beherrschte, war an Festnahmen oft gar nicht zu denken. Die Demonstranten waren meist vermummt, sie trugen Kapuzen oder Skimasken. Konnte die Polizei im Nachhinein noch Täter überführen? Sie konnte es mit beachtlichem Erfolg! Polizeibeamte hatten die Randalierer von Dächern aus mit ausgezeichnetem Filmmaterial aufgenommen. Am Tag nach den Krawallen führte die Polizei in erheblichem Umfang Personenkontrollen in der Innenstadt durch. Besonders von Verdächtigen im Alter bis 30 Jahre, die aus dem Ausland oder anderen Städten stammten, wurden die Personalien festgestellt und Fotografien gefertigt. Festnahmen konnte es zu diesem Zeitpunkt natürlich nicht geben. Aber mit Hilfe der Fotografien wurden später in akribischer Kleinarbeit die Filmaufnahmen von den Ausschreitungen ausgewertet. Es konnten eine Menge Täter überführt werden. Zwar waren die Gesichter der Randalierer häufig vermummt oder nur schlecht erkennbar. Sie trugen aber oft dieselbe Kleidung wie am Tag darauf, als sie bei den Personenkontrollen identifiziert wurden. Bei Benjamin waren es Turnschuhe, Jeans, ein Kapuzenpullover mit einem auffälligen Druckmotiv und ein militärisch aussehender Rucksack, die ihn überführten. Auf einigen Aufnahmen war er in Großformat und gestochen scharf bei Steinwürfen auf Polizeibeamte und die Scheibe einer Bankfiliale zu sehen.

Gegen Benjamin wurde ein Ermittlungsverfahren eingeleitet und die Angelegenheit schließlich den deutschen Polizeibehörden übergeben. Man erwartete eine Berichterstattung darüber, wie und mit welchen Ergebnissen der Fall hier weiterverfolgt wurde. Benjamin war schließlich schon wieder seit über einem Jahr in Berlin, als er in seiner Studenten-WG überraschend verhaftet und in Untersuchungshaft genommen wurde.

»Ich soll einen schweren Landfriedensbruch begangen haben. Der Richter hat beim Hafttermin gesagt, dass mindestens ein Jahr Freiheitsstrafe droht. Das ist einfach lächerlich! Meine Organisation kümmert sich bereits um einen Verteidiger. Ihr werdet sehen, morgen werde ich hier rausgelassen. Ich bin schließlich kein Straftäter wie ihr, sondern habe nur von meinem aktiven Demonstrationsrecht Gebrauch gemacht«, verkündete Benjamin belehrend. Er hatte im Laufe seiner »Rede« immer mehr an Sicherheit gewonnen. Sinan fand, dass Benjamin sich recht gut hielt. Immerhin war es sicherlich sein erster Kontakt mit Strafverfolgungsbehörden.

Er kam bestimmt aus einem guten Elternhaus und die Untersuchungshaft in der Justizvollzugsanstalt Moabit dürfte für ihn ein echter Kulturschock sein.

»Du bist genauso schuldig wie wir. Ein ganz gewöhnlicher Krimineller«, rief Rainer wütend. »Das Gefasel von deiner Organisation und dem Demonstrationsrecht geht mir ganz schön auf den Wecker. Bild dir bloß nicht ein, dass du was Besonderes bist.« Er schaute Benjamin grinsend ins Gesicht: »Du fährst genauso in den Bau wie wir.«

»Woher willst du das wissen«, erwiderte Benjamin aufgebracht und verzweifelt. »Du hast doch von Weltpolitik überhaupt keine Ahnung. Ich habe Politikseminare an der Uni besucht. Da muss man schon über ein bisschen Bildung verfügen, wenn man zu dem Thema den Mund aufmachen will.«

Sinan sprang von seinem Bett und schob Rainer zur Seite, der schon die Hände zu Fäusten geballt hatte. Er sah Benjamin fest in die Augen: »Du hältst jetzt besser die Klappe. Wir bestimmen, wie das hier in der Zelle abläuft, und nicht du. Daran kannst du dich schon mal gewöhnen. Mach hier bloß keinen Ärger, sonst kannst du was erleben. Bis morgen früh kommt dir jedenfalls keiner zu Hilfe.« Er versetzte Benjamin einen Stoß vor die Brust, sodass dieser rückwärts zu Boden fiel. »Und wehe, du lässt noch einen blöden Spruch über meine Bildung ab«, rief Rainer wütend.

Mein erster großer Sitzungsfall – Vergewaltigung

Auch im August hatten in unserer Abteilung mehrere Staatsanwälte Urlaub. Gerlinde hatte sich von dem Bandscheibenvorfall erholt und konnte ihren Urlaub nunmehr antreten. Auch Maja wäre gerne noch im Sommer verreist. Doch die Staatsanwaltschaft war die erste Station in ihrer Proberichterzeit und die sechsmonatige Urlaubssperre war noch nicht abgelaufen. Maja erzählte in der Kaffeerunde stolz, wie sie ein bereits länger schwelendes Problem – die zugehörige Akte hatte zwölf Bände – gelöst hatte. Es handelte sich um ein abgeschlossenes Ermittlungsverfahren. Der Täter war längst rechtskräftig zu zehn Jahren Freiheitsstrafe verurteilt worden. Außerdem war für die Zeit danach die Sicherungsverwahrung angeordnet worden. So können besonders gefährliche Täter auch nach Absitzen der Freiheitsstrafe in Verwahrung behalten werden, um die Allgemeinheit vor weiteren Taten zu schützen. Die Sicherungsverwahrung stellt also keine Strafe, sondern eine vorsorgliche (präventive) Maßnahme dar, die Straftaten schon vor ihrer Begehung verhindern soll.* Majas Täter war be-

* In ihrer gegenwärtigen Ausgestaltung hat das Bundesverfassungsgericht die Sicherungsverwahrung fast vollständig für verfassungswidrig erklärt und den Gesetzgeber zu Änderungen aufgefordert. Aber auch zukünftig wird sicher gelten: Unbelehrbare Täter, die schwerste Verbrechen begangen haben, bleiben so lange in irgendeiner Art Verwahrung wie große Wiederholungsgefahr be-

reits mehrfach wegen Diebstahl und Betrug vorbestraft, als er sich schließlich als »WM-Räuber« betätigte. Mit einigen Komplizen verübte er mehrere Raubüberfälle genau zu den Zeiten, in denen die deutsche Fußball-Nationalmannschaft ihre Spiele bei einer Weltmeisterschaft absolvierte. Der Verurteilte saß schon viele Jahre in Haft, als ihm einfiel, dass er bei seiner Festnahme eine teure Sonnenbrille getragen hatte. Die war dann weg und er wollte sie nun (wahrscheinlich für den Hofgang) zurückhaben. Auf seinen Antrag hin hatte damals Anna in den zwölf Bänden die sichergestellten Gegenstände mühsam herausgesucht. Eine Sonnenbrille war nicht dabei. Sie fragte vorsorglich nochmals bei der Asservatenstelle im Sockelgeschoss des Kriminalgerichts an. Diese bestätigte, dass unter diesem Aktenzeichen keine Sonnenbrille eingeliefert worden war. Mit dieser Auskunft gab sich der »WM-Räuber« jedoch nicht zufrieden. Er drohte mit Beschwerden und beschrieb noch mal genau, wo ihm ein Polizist die Sonnenbrille abgenommen hatte. Er forderte weitere Untersuchungen. Anna wandte sich an die Polizeidienststelle, die für den Fall zuständig gewesen war. Auch dort waren keine Gegenstände aus dem Verfahren verblieben. Der damalige Polizeiermittler befand sich bereits im Ruhestand und erklärte schriftlich auf Anfrage, dass er nichts über eine Sonnenbrille wisse. Nach Annas Ausscheiden hatte Maja diesen Vorgang geerbt. Sie kam auf die Idee, nochmals überprüfen zu lassen, welche Polizeidienststellen mit dem Fall betraut gewesen waren. Es waren mehrere, und in einer fand sich schließlich eine Kopie des Ermittlungsverfahrens sowie

steht – auch wenn die Strafe verbüßt ist. Es gibt eben Menschen, vor denen die Gesellschaft dauerhaft geschützt werden muss.

eine Kiste mit der gesuchten Sonnenbrille, einer »Ray-Ban«. Maja freute sich, dem Häftling die gute Mitteilung machen zu können. Jens meinte lachend, dass doch eine Abordnung unserer Abteilung (selbstverständlich auch mit Sonnenbrillen ausgestattet) das gute Stück persönlich beim Hofgang als Überraschung übergeben könnte. Aber das wäre dann wohl zu viel des Guten gewesen, zumal die Sonnenbrille schon einige Stunden Arbeitszeit gekostet hatte.

Ob es an der Urlaubszeit lag, sodass nicht genügend erfahrene Kollegen zur Verfügung standen, oder ob man mir nach acht Monaten schon schwierigere Sachen zutraute, konnte ich nicht sagen. Jedenfalls bekam ich meinen ersten Fall in der Sitzungsvertretung, für dessen Verhandlung mehrere Tage angesetzt waren und der mir schon nach dem ersten Aktenstudium umfangreich und kompliziert erschien. Der Tatvorwurf lautete auf Vergewaltigung. Das Opfer, Nina R., schilderte den Tathergang, wonach sie den Beschuldigten, Peter Z., aus einer Diskothek kannte. Sie hatten schon ein paar Mal miteinander getanzt und er hatte ihr ab und zu einen Drink spendiert. Später tauschten sie die Telefonnummern aus und verabredeten sich mit weiteren Freunden zwei Mal in Wohnungen. Dort tranken sie etwas und fuhren anschließend alle zusammen in die Disco. Das zierliche und wirklich gut aussehende Mädchen war zur Tatzeit 17 Jahre alt. Sie arbeitete sogar manchmal für eine Modelagentur. Er war kräftig, 30 Jahre alt, verheiratet und hatte bereits zwei Kinder. Am Tattag borgte Peter Z. sich von einem Freund die Schlüssel für dessen Wohnung. Sodann verabredete er sich mit dem Opfer und schlug vor, dass man vor dem Discobesuch noch etwas trinken könnte. Sie gingen dann in die

Wohnung, unterhielten sich und tanzten. Dann wurde er zudringlich.

Nina R. gab zu Protokoll, dass er sie auf die Couch geschubst und sich über sie geworfen habe. Gegen ihren Willen und trotz ihres Flehens und Bettelns habe er sie festgehalten, Strumpfhose und Slip heruntergezogen. Dann sei er in sie eingedrungen und habe den Geschlechtsverkehr vollzogen. Sie habe geweint, geschrien und ihn gebeten aufzuhören. Ein Gefühl der Ohnmacht habe sich in ihr breitgemacht.

An Kratzen oder Schlagen dachte sie nicht. Hinterher war er wieder ganz der liebe Freund aus der Disco. Fürsorglich. Ob sie sich nicht sauber machen wolle und ob er sie irgendwohin mitnehmen könne. Sie konnte nichts sagen, war traumatisiert und stand neben sich. Sie war noch Jungfrau gewesen und blutete jetzt etwas. Schließlich rief sie ihre Freundin an und ließ sich von dem Beschuldigten zu der Disco fahren, in der ihre Freundin gerade war. Ihrer Freundin sagte sie am Telefon nichts von den Vorfällen.

In der Diskothek saß sie dann wie betäubt auf einem Stuhl. Das Blut lief ihr nun stärker die Schenkel herunter und tropfte auf den Fußboden. Es dauerte eine Weile, bis ihre Freundin aus ihr herausbekam, was los war. Schließlich erzählte sie es weinend. Auf das Drängen der Freundin, zur Polizei zu gehen, reagierte sie zunächst ablehnend. So kam es, dass die Anzeige erst fünf Stunden nach der Tat auf dem Polizeirevier aufgenommen wurde. Nach einer ärztlichen Versorgung, bei der auch nach Spermaspuren gesucht wurde, folgte eine mehrstündige Vernehmung durch die Polizeibeamten. Dann durfte sie nach Hause gehen. Am nächsten Tag wurde sie nochmals mehrere Stunden von der Polizei vernommen. Immer wieder die unangenehmen und peinlichen Fragen, wie es genau passiert war, wer wann was gesagt hatte, ob sie dem Beschuldigten ihre Ablehnung deutlich signalisiert habe und warum sie sich nicht noch stärker gewehrt habe.

Wie sich aus den Protokollen ergab, weinte sie bei den Vernehmungen, was sicher durch das Gefühl, die Tat ein zweites und ein drittes Mal durchleben zu müssen, ausgelöst worden war.

Inzwischen hatte die Polizei den Beschuldigten in seiner Wohnung vorläufig festgenommen, wo er mit seiner Frau und den zwei kleinen Kindern am Frühstückstisch saß. Peter Z. wurde vor der Wohnungstür mit dem Tatvorwurf der Vergewaltigung konfrontiert. Als seine Frau später davon erfuhr, fing sie an zu weinen. Er verteidigte sich mit der einzigen Version, die ihn entlasten konnte. Er räumte alle äußeren Umstände und auch den Geschlechtsverkehr ein. Nach seinen Angaben vollzog er den Geschlechtsverkehr jedoch im Einvernehmen mit dem Opfer.

Es war das typische Dilemma für Strafverfolgungsbehörden bei Vergewaltigungsprozessen. Im Wesentlichen gab es nur die Zeugenaussage des Opfers und die Angaben des Beschuldigten. War es da überhaupt möglich, von der Version des Opfers voll überzeugt zu sein und das vom Beschuldigten geltend gemachte Einvernehmen mit absoluter Sicherheit auszuschließen? Nur dann konnte man eine Verurteilung erwarten. Die Staatsanwaltschaft hatte den Fall jedenfalls zur Anklage gebracht und das Gericht die Hauptverhandlung eröffnet. Es lag zu viel Belastendes für eine Verfahrenseinstellung vor. Die Frage war aber, ob es für eine Verurteilung reichen konnte.

Ich schilderte Jens den Fall und fragte ihn nach seiner

Meinung zu dem Prozess, der nächste Woche beginnen würde. Jens war sehr skeptisch. Vorab könne man wenig sagen. Es komme viel darauf an, wie die Zeugin auf das Gericht wirke.

Zeitvertreib in der Haftzelle

Sinan kehrte von dem Gespräch mit seinem Verteidiger in die Zelle zurück. Der hatte sich nicht auf eine Prognose hinsichtlich des Prozessausgangs festlegen wollen. Offensichtlich hatten sie seine DNA auf einer am Tatort sichergestellten Maske gefunden. Dass die DNA von ihm stammte, stand mit einer Wahrscheinlichkeit von 12 Millionen zu 1 fest. Der Verteidiger meinte, dass man auch hier wie in Chemnitz mit ständig zwischen den Tätern ausgetauschten Masken argumentieren müsse. Da die Maske aus dem Bein einer Jogginghose gemacht worden war, konnte die DNA ja vielleicht auch von dem Träger dieser Hose stammen? Außerdem hatte der Verteidiger nach intensivem Studium der Ermittlungsakte noch eine weitere Lücke entdeckt. Lächelnd weihte er Sinan ein.

Wieder in der Zelle zurück, war Sinan alles andere als zufrieden. Er blickte jedoch halbwegs optimistisch auf den kommenden Prozess. In der Zelle ließ es sich jetzt wieder besser leben. Schließlich waren sie nur noch zu zweit. Benjamin hatte ihn mächtig genervt. Er hatte auch nach ihrer ersten Auseinandersetzung seine arrogante Art beibehalten und, wie Rainer meinte, »seinen Bildungsvorsprung raushängen lassen«. Insbesondere Rainer war deshalb mehr als sauer. Sie hatten sich daher angewöhnt, »Benni« ein bisschen zu ärgern. Das war im Übrigen, wie sich herausstellen sollte, ein ganz angenehmer Zeitvertreib. Zuerst hatten sie ihn ständig mit seiner »wichtigen Rolle« in der Weltpolitik aufgezogen. Das klappte aber nur bedingt. Mehr Spaß machte es da schon, ihn nachts nicht richtig schlafen zu lassen. Rainer mochte Lieder von Tom Jones und brüllte dem schlafenden Benjamin den Refrain einiger Lieder ins Ohr. Zwischendrin gab es auch einen Becher kaltes Wasser ins Gesicht. Diese »Gesamtumstände« der Haft, insbesondere der Schlafentzug, rüttelten an Bennis Nervenkostüm. In der zweiten Nacht fing er an zu weinen und sagte, dass er »nach Hause« wolle. Jetzt machte es Rainer erst richtig Spaß. Er war in seinem Element. Scheinbar fürsorglich sagte er, dass bald alles gut werde und Benjamin bestimmt zu seinen Eltern zurückkönne. Zwei Stunden später ließ er es sich aber nicht nehmen, das »Muttersöhnchen« erneut zu wecken. Am nächsten Tag durfte Benjamin die Haftanstalt verlassen. Er hatte bei einem Haftprüfungstermin die Tat gestanden. Der Richter setzte den weiteren Vollzug der Untersuchungshaft gegen Auflagen aus. Als Benjamin dann seine Sachen aus der Zelle holte, wandte er sich mit finsterem Gesicht an Rainer und erklärte, dass er die Vorfälle hier in der Zelle öffentlich machen und über das Internet verbreiten werde. Rainer gelang daraufhin ein abschließendes und uninteressiertes Gähnen.

Der Vergewaltigungsprozess

Pünktlich um 9 Uhr begann der erste Tag des Vergewaltigungsprozesses. Der Fall wurde vor dem Schöffengericht verhandelt. Das Gericht bestand aus der Richterin und zwei Schöffinnen. Neben dem Angeklagten und seinem Verteidiger trat noch ein weiterer Rechtsanwalt für die Nebenklage auf. Er vertrat die Rechte des Opfers. Die Personalien des Angeklagten wurden abgefragt. Der dreißigjährige Peter Z. hatte ein Studium der Betriebswirtschaftslehre absolviert und arbeitete als Angestellter in einem Unternehmen. Von Anfang an machte er einen äußerst intelligenten Eindruck und gab sich gegenüber dem Gericht umgänglich und freundlich.

Ich verlas die Anklage. Die Mindeststrafe lag bei zwei Jahren Freiheitsstrafe. Würde die Strafe über dieses Mindestmaß hinausgehen, war klar, dass der nicht vorbestrafte Familienvater ins Gefängnis gehen musste. Eine Aussetzung des Vollzugs der Freiheitsstrafe zur Bewährung kommt nach dem Strafgesetzbuch nur bei Strafen bis zu zwei Jahren in Betracht. Als Nächstes wurde zwischen Staatsanwaltschaft, Gericht und Verteidigung erörtert, ob die Verurteilung zu der Mindeststrafe (also doch noch Bewährung) in Betracht käme, sollte der Angeklagte die Vergewaltigung einräumen. Eine recht großzügige Belohnung eines Geständnisses ist gerade in Vergewaltigungsprozessen nicht unüblich. Es geht nicht nur um die schwierige Beweislage, sondern auch darum, dem Opfer ein nochmaliges Erleben der Tat zu ersparen. Außerdem müssen sich Vergewaltigungsopfer im Zeugenstand einiges gefallen lassen, insbesondere was die Fragen der Verteidigung angeht. Manchmal kann man das schon als erniedrigend ansehen. Machen kann man dagegen allerdings nichts. Die unbeschränkte Verteidigung hat Vorrang.

Der Verteidiger verließ für kurze Zeit mit dem Angeklagten den Sitzungssaal, um diesen Punkt zu besprechen. Der war jedoch unter keinen Umständen zu einem Geständnis bereit und beteuerte seine Unschuld. Er gab nochmals ausführlich seine Darstellung der Geschehnisse wieder und unterstrich, dass sich die Zeugin hinterher von ihm zu einer Disco hatte fahren lassen. Er ging weiter in die Offensive und erklärte, dass er seiner Frau alles gebeichtet habe. Das sei schon sehr hart für ihn gewesen. Auch habe sein persönliches Umfeld von der Vergewaltigungsanzeige erfahren, sodass er jetzt ziemlich schlecht dastehe. Seine Frau habe ihm ihr Vertrauen geschenkt, dass es keine Vergewaltigung gegeben habe.

Dann kam natürlich die Frage, die in dieser Situation immer gestellt wird (und auch schon bei der polizeilichen Vernehmung gestellt worden war): Warum die Zeugin ihn denn vorsätzlich falsch einer so schrecklichen Tat bezichtigen sollte? Er wisse es auch nicht. Sie habe ihn mehrfach bedrängt, eine dauerhafte Beziehung einzugehen, was er immer abgewiesen habe. Wahrscheinlich habe sie gedacht, dass sie das durch Sex erreichen könne. Keine Ahnung, was in dem Kopf dieser Siebzehnjährigen vor sich gegangen sei. Vielleicht wolle sie sich jetzt rächen.

Es passte alles, was er sagte. Er blieb während der Ausführungen bei dieser freundlichen und verbindlichen Art. Ganz die Ruhe selbst. Mir war das ein bisschen zu glatt und das eine oder andere Lächeln zu viel gegenüber dem Gericht. Insbesondere vor dem Hintergrund der erheblichen Strafandrohung wirkte mir das zu abgeklärt. Nicht, dass das etwas geändert hätte oder ich es hätte näher beschreiben können. Aber was ihn anging, hatte ich einfach ein ganz schlechtes Gefühl.

Als Nächstes wurde das Opfer Nina R. als Zeugin vernommen. Sie sollte alles nochmals schildern. Ihre Darstellung der Tat war knapp und abgehackt. Die Richterin unterbrach sie und forderte eine viel ausführlichere Aussage. Wie oft hatte sie den Angeklagten vor der Tat gesehen? Wie war das genau mit der Verabredung? Die Zeugin reagierte unwillig und meinte, dass das doch alles in den Ermittlungsakten stehe, zweimal schon habe sie es der Polizei detailliert berichtet. Die Richterin erklärte ihr geduldig, dass diese Niederschriften im Prozess nicht verwertet werden können und das Gericht die Geschehnisse außerdem von ihr persönlich hören wolle, um sich selbst einen Eindruck machen zu können. Nina R. berichtete nun recht umfangreich von den Ereignissen jener Nacht. Als sie aber zu der eigentlichen Vergewaltigung kam, umschrieb sie nur kurz, dass »er es dann gemacht« habe. Die erneute Schilderung vor all den Menschen war ihr wohl peinlich. Es nutzte aber nichts. Sie musste nochmals ganz genau erklären, wie der Angeklagte sie aufs Sofa geworfen habe. Wie und wo genau habe er über ihr gelegen? Mit welcher Hand habe er was festgehalten und wo gezogen? Was habe er dabei gesagt? Wie und womit habe sie sich gewehrt? In welcher Position genau sei er in sie eingedrungen? Wie lange habe der Geschlechtsverkehr gedauert und sei es zum Samenerguss gekommen? Nina R. zitterte und musste weinen. Es gab eine Verhandlungspause von 15 Minuten. Dann ging es genau dort weiter. Ja, sie sei noch Jungfrau gewesen. Sie sei in der Hinsicht vielleicht etwas altmodisch. Aber sie habe sich ihre Jungfräulichkeit bewahren wollen, bis sie den richtigen Mann kennenlernen und mit ihm eine feste Beziehung eingehen würde.

Schließlich hatte sie die Vernehmung überstanden. Vorerst! Jetzt war der Verteidiger des Angeklagten an der Reihe. Er ließ es sich nicht nehmen, nochmals auf die Vergewaltigung selbst einzugehen. Seine Vorgehensweise war geschickt, wobei manchmal nicht ganz klar war, ob er eine konkrete Frage an die Zeugin stellte oder nur seine schlechte Meinung von Nina R. dem Gericht mitteilen wollte. Es müsse doch ein Leichtes gewesen sein, sich erfolgreich gegen die Vergewaltigung zu wehren? Nina R. sagte, sie habe den Angeklagten immerzu gebeten aufzuhören. Aus seiner Umklammerung habe sie sich nicht befreien können und in der fremden Wohnung Panik bekommen. Ganz schwach und hilflos habe sie sich gefühlt. Der Verteidiger blickte ihr tief in die Augen und fuhr sie scharf an. Sie solle ehrlich sein und zugeben, dass sie den Geschlechtsverkehr irgendwie auch gewollt habe. Die Zeugin verneinte das. Sie hatte wieder Tränen in den Augen. Helfen konnte ihr jetzt niemand. Sie musste da durch. Der Verteidiger prangerte an, dass die Zeugin schon zwei Wochen nach der Tat wieder in eine Disco gegangen sei. Er präsentierte Fotos, worauf Nina R. mit kurzem Rock zu sehen war. So schlimm könne es wohl doch nicht gewesen sein. Die Zeugin erklärte, sie habe sich geschämt, es zu Hause aber auch nicht mehr ausgehalten. Sie habe mit ihren Freunden zusammen sein wollen. Der Verteidiger legte nach. Habe sie den Angeklagten nicht schon länger angehimmelt und von einer »tiefen Beziehung« gesprochen? Habe sie nicht verärgert und hysterisch reagiert, als der Angeklagte ihr entnervt immer wieder eine Absage erteilte? Nina R. erklärte, dass das alles erlogen sei. »Erlogen?«, der Verteidiger wurde aggressiver und bestimmender. »Das können Sie sicherlich sehr gut beurteilen. Lügen ist ja Ihre Spezialität.« Er beugte sich von der Verteidigerbank zu der Zeugin hinüber: »Alles gelogen, wie sonst wollen Sie erklären, warum Sie sich nach einer angeblich so schlimmen Tat von dem Angeklagten in eine Diskothek fahren ließen. Jeder normale Mensch wäre sofort weggerannt und hätte die Polizei verständigt! Aber Sie steigen natürlich in sein Auto und lassen sich dann auch noch in eine Diskothek bringen! Erklären Sie das!«

Ich wollte zum Verteidiger hinüberzischen, woher er denn so genau wisse, wie sich ein Vergewaltigungsopfer »normalerweise« verhalte. Aber das hätte nichts genutzt. Ich hätte für diese Unterbrechung nur einen Rüffel von der Richterin bekommen. Wie quälend diese Vernehmung für Nina R. war, konnten alle Beteiligten spüren. Ich hatte das Gefühl, irgendwie helfen zu müssen. Allein die Möglichkeiten fehlten mir. Nina R. lag angeschnallt auf einem Zahnarztstuhl und musste zusehen, wie der Verteidiger ein ums andere Mal den Bohrer ansetzte.

Die letzten Sätze hatte der Verteidiger in immer schnellerer Abfolge zur Zeugin hinübergebrüllt. Nina R. konnte ihr Verhalten nicht erklären. Sie habe damals nicht nachdenken können und sei kaum fähig gewesen, dem Angeklagten zuzuhören oder etwas zu sagen, als dieser sie fragte, ob er sie irgendwohin bringen könne. Der Verteidiger zog weiter seine Bahnen um Nina R. Breit wälzte er es aus, dass sie mehrere Stunden in der Diskothek verbrachte, bevor sie zur Polizei ging. Schließlich kam er zu ihren »sexuellen Kontakten zu Männern«. Die Zeugin erklärte, dass es keine gegeben habe, schließlich sei sie noch Jungfrau gewesen. Der Verteidiger rief ihr aufbrausend zu, sie solle bloß nicht so scheinheilig tun. Sie wisse ganz genau, dass es auch andere Möglichkeiten wie Anal- oder Oralverkehr gebe. Nina R. entgegnete empört und mit vor Wut zitternder Stimme, dass er ein Schwein sei. Der Verteidiger grinste nur. Auf seine wiederholte Frage musste sie antworten und verneinte entsprechende Kontakte. Schließlich war er mit ihr fertig und sie konnte den Zeugenstand verlassen.

Damit war der erste Sitzungstag in diesem Prozess zu Ende. In der folgenden Woche sollten weitere Zeugen vernommen werden.

Während ich zu meinem Zimmer zurückging, ließ ich noch mal den Verhandlungstag Revue passieren. Hatte der Angeklagte sie nun vergewaltigt oder nicht? Der Knackpunkt war für mich, dass ich einfach keinen Grund erkennen konnte, warum Nina R. den Angeklagten fälschlicherweise einer so schweren Tat bezichtigen sollte. Natürlich gab es diese Fälle. Es war ein uraltes Problem. Von ihm wird schon in der Bibel (Buch Genesis, Kapitel 39) berichtet.

Josef kommt als Sklave nach Ägypten und wird an Potifar, einen Hofbeamten des Pharao, verkauft. Dieser lässt seinen ganzen Besitz in Josefs Hand und kümmert sich, wenn Josef da ist, um nichts als nur um sein Essen. Josef ist schön von Gestalt und Aussehen. Nach einiger Zeit wirft die Frau des Herrn einen Blick auf Josef und sagt: »Lege dich zu mir!« Er weigert sich aber und spricht zu ihr: »Siehe, mein Herr kümmert sich, da er mich hat, um nichts, was im Hause ist, und alles, was er hat, das hat er unter meine Hände getan; er ist in diesem Hause nicht größer als ich, und er hat mir nichts vorenthalten außer dir, weil du seine Frau bist. Wie sollte ich denn nun ein solch großes Übel tun und gegen Gott sündigen?« Obwohl sie Tag für Tag auf Josef einredet, bei ihr zu schlafen und ihr zu Willen zu sein, hört er nicht auf sie. Eines Tages kommt er ins Haus, um seiner Arbeit nachzugehen, und niemand vom Gesinde ist anwesend. Da packt sie ihn an seinem Gewande und sagt: »Lege dich zu mir!« Er lässt sein Gewand »in ihrer Hand« und läuft hinaus. Da ruft sie nach ihrem Hausgesinde und sagt zu den Leuten: »Seht, er hat uns den hebräischen Mann hergebracht, dass der seinen Mutwillen mit uns treibe. Er kam zu mir herein und wollte sich zu mir legen; aber ich rief mit lauter Stimme. Und als er hörte, dass ich ein Geschrei machte und rief, da ließ er sein Kleid bei mir und floh hinaus.« Als ihr Mann nach Hause kommt, erzählt sie ihm dieselbe Geschichte: »Der hebräische Knecht, den du uns hergebracht hast, kam zu mir herein und wollte seinen Mutwillen mit mir treiben.« Als Potifar das hört, wie seine Frau ihm schildert: »So hat dein Knecht an mir getan!«, packt ihn der Zorn. Er lässt Josef ergreifen und ins Gefängnis bringen.

Die intimen Tatumstände, bei denen es meist keine unbeteiligten Zeugen gibt, machen eine unzutreffende schwerwiegende Verdächtigung relativ »einfach«. Auch das spätere Durchstehen eines Prozesses und Inkaufnehmen einer Verurteilung des vermeintlichen Täters stellt für das fest entschlossene vermeintliche Opfer kein unüberwindbares Hindernis dar. Deshalb sind Vergewaltigungsprozesse auch so unglaublich kompliziert. Rache, Auseinandersetzungen in der Familie, Trennungskonflikte oder Streit um das Umgangsrecht mit gemeinsamen Kindern können das Motiv für eine Falschaussage bilden. Es gibt auch falsche Anzeigen, die quasi aus dem Nichts kommen und in keiner Weise ein Motiv erkennen lassen. Sie können das Ergebnis eines übersteigerten Geltungsbedürfnisses und einer massiven psychischen Störung sein. Diese Fälle sind besonders schwierig, vor allem, wenn die anzeigende Person sich ansonsten in ihrem Umgang mit anderen völlig normal verhält. Dann kann der Angeklagte zum Opfer werden. Bei einer Verurteilung stehen schwere wirtschaftliche Folgen und eine soziale Ausgrenzung (auch in der eigenen Familie) bevor.

Das menschliche Verhalten bei Falschverdächtigungen kann sehr komplex motiviert sein und eine Vielzahl von Beweggründen können eine Rolle spielen. Selbst in aussagepsychologischen Gutachten bereitet es Sachverständigen oft Schwierigkeiten, eine halbwegs gesicherte Stellungnahme zur Motivsituation anzugeben.

Bei diesem Fall stach natürlich ins Auge, dass Nina R. sich nicht massiv gewehrt hatte. Außerdem ließ sie sich hinterher von dem Angeklagten in eine Diskothek fahren.

War dieses Verhalten rational? Auf den ersten Blick sicher nicht. Aber was ist in einer solchen Situation schon normal? Das Fehlen massiven Widerstandes hielt ich jedenfalls nicht für verdächtig. Immerhin befand sie sich mit dem Angeklagten allein in einer Wohnung und war körperlich weit unterlegen. Da konnte leicht das Gefühl entstehen, dass größerer Widerstand zwecklos war. Außerdem musste Nina R. befürchten, bei heftigerer Gegenwehr auch stärkere Gewaltanwendung erdulden zu müssen. Schwieriger war schon die Frage zu beantworten, warum sie nach der Tat in sein Auto gestiegen war. Das Verhalten eines Opfers gegenüber dem Täter bei Gewalttaten ist jedoch häufig schwer nachvollziehbar. Hinzu kamen der Schock und Gefühle wie Furcht und Scham. Die Traumatisierung durch diesen gewaltsamen erstmaligen Geschlechtsverkehr lieferte für mich auch eine Erklärung, warum die Zeugin zunächst mehrere Stunden blutend in der Diskothek saß, bevor sie auf Drängen von Freunden die Anzeige erstattete.

Schließlich hatte Nina R. ausführlich und gleichbleibend dreimal (zweimal bei der Polizei und einmal vor Gericht) die Tat geschildert. Und das unter erheblichem Druck. Im Falle einer Falschverdächtigung wäre das schon ein ziemlich abgebrühtes Verhalten für eine Siebzehnjährige gewesen. Ich konnte mir das nach meinem Eindruck in der Hauptverhandlung einfach nicht vorstellen.

Im Geheimgang

Endlich war es so weit. Die Wachtmeister holten Sinan in seiner Zelle ab. Der erste Prozesstag war gekommen. Alles war besser als das stundenlange Herumsitzen in der Untersuchungshaft. Natürlich fesselten sie ihm wieder Hände und Füße. Rainer klopfte ihm noch mal aufmunternd auf die Schulter und dann ging es los. Mit einer weiteren Fluchtmöglichkeit auf dem Weg zum Gerichtssaal rechnete er nicht.

Das Kriminalgericht Moabit war diesbezüglich sowieso der denkbar schlechteste Ort für einen Ausbruchsversuch. In dem sehr dicken Mauerwerk des Kriminalgerichts hatte man ein verdecktes Gängesystem angelegt, das bis heute als einmalig gilt und allein aus Kostengründen wohl niemals wieder so gebaut werden könnte. Jeder kennt die Bilder, wenn Straftäter aus der Untersuchungshaft in den Gerichtssaal geführt werden. Meist verbergen sie ihr Gesicht, weil sie nicht im Fernsehen gezeigt werden wollen. Solche Aufnahmen gibt es aus dem Kriminalgericht Moabit nicht. Geheimgänge reichen von der Untersuchungshaftanstalt bis direkt in die großen Sitzungssäle im Saalbau. Dieses verborgene Wegesystem ist teilweise an den brückenartigen Überführungen an der Decke der hohen Flure des Kriminalgerichts zu erkennen. Häufig bezeichnet man sie als »Seufzerbrücken«, weil sie mit ihren kleinen vergitterten

Fenstern an die besagte zugemauerte Brücke in Venedig erinnern, die den Dogenpalast mit den »Prigioni nuove« (dem neuen Gefängnis) über einen acht Meter breiten Kanal, den Rio di Palazzo, verbindet. Vom Dogenpalast kommend mussten die Gefangenen die Brücke auf ihrem Weg in die dunklen Verliese des Kerkers passieren. Denkt man an die letzten Blicke, welche die Häftlinge von dort auf die Weite der glitzernden Lagune werfen konnten, wird schnell klar, woher der Name der Brücke stammt. Stellt man sich den Gerichtsflur vor den großen Sitzungssälen im Kriminalgericht als den Kanal vor, sind die Übereinstimmungen in den räumlichen Ausmaßen verblüffend.

Bei Verhandlungsbeginn im Kriminalgericht öffnet sich dann plötzlich unauffällig eine seitliche Eichentür und der Angeklagte steht direkt im Sitzungssaal. Ohne jeglichen vorherigen Kontakt zu Zeugen oder aufgebrachtem Publikum. Eine saubere Idee anno 1906. Wenn der Verurteilte schließlich von Gerichtswachtmeistern über die »Seufzerbrücke« zurück in die Haftanstalt Moabit gebracht wird, sieht er durch die vergitterten Fenster zwar keine Lagune, aber eben jenen Gerichtsflur, über den er bei einem Freispruch das Gericht als freier Mann verlassen hätte.

Sinan schlurfte mit den Gerichtswachtmeistern durch dieses Gängelabyrinth. Es war schmal und unzählige Türen wurden vor ihm auf- und hinter ihm wieder abgeschlossen. Erst ging es immer weiter runter und später wieder mehrere Treppen hoch. Schließlich öffnete sich die letzte Tür und er stand in einem Sitzungssaal mit einer bestimmt sieben Meter hohen Decke. Die Bank, auf der er Platz nehmen musste, war etwa bis in Höhe von einem Meter zwanzig von einer Holzwand umzäunt. Links von ihm hatten fünf Richter und eine Protokollführerin Platz genommen, die von der erhöhten Richterkanzel auf ihn hinabsahen. Vor ihm saß sein Verteidiger und schräg gegenüber der Staatsanwalt. Beängstigend fand Sinan das nicht mehr. Immerhin kannte er ein entsprechendes Szenario schon aus Chemnitz. Trotzdem war er sehr aufgeregt. Wenn er auch hier freigesprochen wurde, war er bald ein freier Mann! Noch bevor das Gericht die Hauptverhandlung eröffnete, ging sein Verteidiger schon zur Richterbank. In der Hand hielt er das Urteil aus Chemnitz: »Ich hoffe, Sie haben mitbekommen, dass mein Mandant hinsichtlich des Raubüberfalls in Chemnitz freigesprochen wurde.« Der Vorsitzende meinte nur lapidar, dass man hier nicht in Chemnitz sei.

Zweiter Sitzungstag

Am zweiten Verhandlungstag in dem Vergewaltigungsprozess waren die Mutter von Nina R. sowie Freunde als Zeugen geladen, welche das Opfer nach der Tat in der Diskothek getroffen und zur Anzeige gedrängt hatten.

Die Mutter wurde zum familiären Hintergrund befragt. Außerdem sollte sie angeben, was sie über das Verhältnis ihrer Tochter zu Männern wisse. Sie beschrieb ein sehr enges und offenes Verhältnis zu ihrer Tochter, wonach sie über alle Themen reden konnten. Die Mutter wusste, dass die Tochter noch Jungfrau war und dies auch bleiben wollte, bis sie eine feste Beziehung eingegangen war. Sie erklärte, dass es aber von ihrer Seite auch kein Problem gewesen wäre, wenn ihre Tochter mit einem Mann sexuell verkehrt hätte. Immerhin war sie schon siebzehn Jahre alt. Die Mutter betonte, dass sie »nicht hinter dem Mond« lebe. Ihre Tochter habe ihr, gleich als sie nach Hause kam, von der Tat erzählt und geweint.

Der Verteidiger fragte nochmals nach, ob die Mutter wirklich nichts von sexuellen Kontakten der Tochter zu Männern vor der Tat wisse. Dies wurde verneint. Ob dies auch Anal- und Oralverkehr beinhalte. Ja. Ob sie besonders stolz auf die Jungfräulichkeit ihrer Tochter gewesen sei. Die Mutter antwortete achselzuckend, dass sie die Einstellung ihrer Tochter zur Sexualität gut finde. Stolz sei sie darauf aber nicht, schließlich sei Geschlechtsverkehr in diesem Alter heute etwas ganz Normales.

Als Nächste wurde eine Freundin von Nina R. vernommen. Sie war an dem fraglichen Abend in der Diskothek dabei gewesen. Ob ihr die Jungfräulichkeit von Nina R. bekannt gewesen sei und ob sie deswegen vielleicht im Freundeskreis verspottet worden sei? Die Freundin erklärte, eng mit Nina R. befreundet zu sein. Sie würden sich sehr gut verstehen und natürlich auch über Männer sprechen. Sie wisse von ihrer Jungfräulichkeit und kenne ihre Vorstellungen über eine Beziehung. Die halte sie für völlig normal und habe sie niemals damit aufgezogen. Auch im Freundeskreis sei das nie ein Thema gewesen. Sie glaube auch nicht, dass Nina darüber noch mit anderen geredet habe. Verspottet hätte sie sowieso niemand. Dafür sehe sie viel zu gut aus. In der Diskothek sprächen sie ständig junge Männer an, die mit ihr tanzen oder ihr Getränke ausgeben wollten.

In der Tatnacht sei ihr gleich aufgefallen, dass Nina R. nicht so fröhlich wie sonst wirkte. Sie habe erst gedacht, dass sie schlechte Laune hätte. Dann fand sie es komisch, dass Nina nicht von ihrem Barhocker aufstehen wollte. Schließlich sah sie, dass sich vor Nina auf dem Boden ein Blutfleck gebildet hatte und ihr das Blut die Strumpfhose hinunterlief. Auf ihre Frage, was das zu bedeuten habe, erzählte Nina weinend alles. Sie erklärte ihrer Freundin, dass sie zur Polizei gehen müsse. Nina R. sagte daraufhin mehrmals monoton »Ja«, wollte aber nicht aufstehen und wirkte verwirrt. Schließlich gelang es ihr, sie mit einem Freund in ein Auto zu bringen und zur Polizei zu fahren.

Der Verteidiger begann gleich mit der Frage, ob es nicht merkwürdig sei, dass Nina R. zwei Wochen nach der Tat schon wieder mit in die Diskothek gekommen und dabei freizügig gekleidet gewesen sei. Er zeigte der Freundin die Fotos. Die Freundin antwortete sofort erbost, dass daran nichts merkwürdig sei. Nina sei immer gern in die Diskothek gegangen. Sie könne sich doch jetzt nicht in ein Kloster einschließen und in Nonnentracht herumrennen. Schließlich müsse der Angeklagte bestraft werden und nicht Nina.

Ich musste schmunzeln. Endlich bekam der Verteidiger etwas Gegenwind. Sie ließ sich von ihm nicht die Butter vom Brot nehmen und hielt mit seinem aggressiven Ton mit. Ob sie das allerdings zu einer besseren Zeugin machte, war mehr als fraglich. Der Verteidiger versprach sich sicherlich etwas davon, sie wütend (gegen die Sache des Angeklagten) zu machen und sie dann als voreingenommen darzustellen. Erneut fragte er ausdrücklich, ob Nina R. mal etwas von »analen oder oralen Vorlieben« erzählt habe. Der Freundin klappte nun der Kiefer runter. Sie konnte offenbar nicht glauben, was sie gerade gehört hatte, und war stinksauer. Sie erwiderte, dass Nina ihr davon mit Sicherheit erzählt hätte. Zudem würde es überhaupt nicht zu Ninas Einstellung zu Partnerschaft und Sexualität passen. Diese Vorlieben entsprächen vielmehr den »dreckigen Phantasien des Angeklagten und des Verteidigers«.

Schließlich wurde die Freundin als Zeugin entlassen und der Freund vernommen, der Nina R. zur Polizei gefahren hatte. Von ihm gab es kaum neue Erkenntnisse und so näherte sich der zweite Verhandlungstag seinem Ende. Jetzt gab allerdings die Verteidigung neue interessante Details bekannt. Nina R. sei gar nicht so »sexuell prüde«, wie von ihr behauptet. Vielmehr würde sie es gerne anderen Männern

»oral besorgen«. Auch mit dem Angeklagten sei es in seinem Auto ungefähr einen Monat vor der Tat dazu gekommen. Es gebe sogar zwei Zeugen, die kurz zuvor aus dem Auto ausgestiegen seien und dann alles gesehen hätten. Kaum seien die beiden allein gewesen, habe sich Nina R. schon »über den Angeklagten hergemacht«.

Ich war froh, dass Nina R. das nicht mehr mit anhören musste. Aus meiner Sicht war es ein durchsichtiges Manöver mit dem schwierigen Ziel, aus Nina R. ein »leichtes Mädchen« zu machen. Da sie noch Jungfrau war, kam natürlich nur eine entsprechende Geschichte in Betracht. Sie musste selbstverständlich in der Öffentlichkeit spielen, damit man Zeugen auffahren konnte.

Es wurde vereinbart, für den dritten Verhandlungstag diese beiden Zeugen zu laden. Danach sollten die Abschlussplädoyers gehalten werden.

Innerlich hatte ich in diesem Fall meine Entscheidung getroffen. Ich würde eine Verurteilung beantragen. Das familiäre und freundschaftliche Umfeld von Nina R. gab aus meiner Sicht keine Anhaltspunkte dafür her, dass sie sich wegen eines gewollten Geschlechtsverkehrs vor irgendjemandem hätte rechtfertigen müssen und in einen Konflikt geraten wäre, der eine falsche Anschuldigung plausibel gemacht hätte. Es waren auch kein schwieriger oder problembelasteter Familienhintergrund, kein Alkohol- oder Drogenmissbrauch oder sonstige psychische Drucksituationen erkennbar, die Ursprung einer derart eiskalt durchgezogenen Falschverdächtigung hätten sein können. Auch ein übersteigertes Geltungsbedürfnis, der Wunsch, durch eine solche Anzeige das allgemeine Interesse auf sich zu ziehen, schien mir fernliegend. Nina R. stand aufgrund ihres

Aussehens ohnehin im Mittelpunkt und konnte sich beim Ausgehen vor Aufmerksamkeit nicht retten. Sollte sie einen derartig folgenreichen Prozess bis ins Letzte durchziehen wollen, weil der Angeklagte sie angeblich hatte abblitzen lassen? Den sie auch nach den Angaben des Angeklagten nur von wenigen Kontakten in der Diskothek kannte und von dem sie gewusst hatte, dass er verheiratet und zweifacher Familienvater war? Ich hielt es für abwegig.

Aber genau das war der kritische Punkt. Damit Peter Z. verurteilt werden konnte, musste das Gericht der vollen Überzeugung sein, dass Nina R.s Version stimmte und die des Angeklagten falsch war. Blieben auch nur leiseste Zweifel, musste das Gericht zugunsten des Angeklagten entscheiden und ihn freisprechen. Es reichte also nicht, wenn das Gericht die Schilderungen von Nina R. für sehr wahrscheinlich und die des Angeklagten für ziemlich unwahrscheinlich hielt. Konnte das Gericht mit Sicherheit ausschließen, dass Nina R. den Geschlechtsverkehr freiwillig vollzogen hatte? Mir war es unmöglich vorherzusagen, wie das Gericht entscheiden würde. Ich meinte zumindest einschätzen zu können, dass die Ergebnisse der Hauptverhandlung ganz dicht an eine Verurteilung heranreichten. Vielleicht sah das der Verteidiger ähnlich und griff deshalb zu dem vermeintlichen Rettungsring (die kleine Sexgeschichte im Auto).

Sinan wird zu meinem Fall

Der September kam und mit ihm ging Frau Eggers, unsere »neue« Staatsanwältin, in den Ruhestand. Kurz vor ihrem Ausscheiden hatte sie noch ihr vierzigjähriges Dienstjubiläum begangen. Vierzig Jahre Staatsanwaltschaft. Ich fand, die hatte sie gut weggesteckt. Sie war sehr freundlich und hatte eine fröhliche Art, die irgendwie mitreißend war. Zum Abschied veranstalteten wir eine kleine Feier in ihrem Zimmer, zu der auch unser Hauptabteilungsleiter Dr. Ring kam. Es gab Kuchen, Kaffee und auch ein Gläschen Sekt. Dr. Ring machte einen gut gelaunten Eindruck. Ich hatte nicht das Gefühl, dass er Maja oder mich mit einem mahnenden Blick bedachte. Vorsorglich hielten wir uns jedoch im Hintergrund. Einen zweiten Termin hatten weder Maja noch ich bisher wahrnehmen müssen. Trotzdem hatten wir irgendwie ein schlechtes Gewissen. So als würde Dr. Ring mit erhobenem Zeigefinger vor uns stehen: »Sie hier beim Kaffeekränzchen und nicht bei Ihren Akten?«

Auch Gerlinde war seit einer Woche braungebrannt aus dem Urlaub zurück. Von ihrem Bandscheibenvorfall erholt, hatte sie mittlerweile die beiden Schleuserverfahren angeklagt. Im Café Jura gelobte sie hoch und heilig, keine schweren Akten oder gar Aktenkartons mehr ohne Hilfe herumzuschleppen.

Mitte September wurde mir telefonisch mitgeteilt, dass

ich die Sitzung in einem Prozess vor der Großen Strafkammer übernehmen sollte, für den mehrere Termine angesetzt waren. Kurz darauf suchte mich ein Kollege auf, der eigentlich für den Fall vorgesehen war, jedoch während mehrerer Sitzungstage Urlaub hatte, weshalb er den Fall abgab. Er meinte, eigentlich sei es ein »schöner« Raubfall. Ohne Frage stand dieses Adjektiv für die Beweislage und eine hohe Straferwartung. Eine DNA-Spur war aufgegangen. Der Angeklagte, einschlägig vorbestraft, hatte die Tat während seiner Bewährungszeit begangen. Der einzige Haken bei der Sache sei, dass der Angeklagte in einem gleich gelagerten Fall in Chemnitz freigesprochen worden war. Und das, obwohl der Angeklagte dort einen Fluchtversuch unternommen und »am Zaun gehangen« hatte. Er ließ mir die drei Bände Akten zurück und verschwand.

Ich las mir die Akten am Wochenende zu Hause durch. Angeklagter war ein Sinan H., der aus meiner Sicht nach Aktenlage klar zu verurteilen war. Dann telefonierte ich mit dem Kollegen in Chemnitz, der mir eine Urteilsabschrift schickte. Er erklärte, dass er gegen den Freispruch in Revision vor den Bundesgerichtshof gehen wolle. Nach dem Lesen der Urteilsgründe wurde ich hinsichtlich einer Verurteilung vorsichtiger. Musste ich in meinem Verfahren mit entsprechender Begründung auch einen Freispruch befürchten? Unter der Voraussetzung, dass Masken bei mehreren Überfällen eingesetzt werden, könnte man ja immer argumentieren, dass die Spur zwar von dem Beschuldigten stammte, es jedoch bei einer anderen Tat oder beim Anprobieren der Maske zu der DNA-Ablagerung gekommen sei. Und dass bei der hier angeklagten Tat ein anderer die Maske trug, ohne selbst Spuren zu hinterlassen.

Am nächsten Tag suchte ich Jens auf, um mir in diesem Fall »die Karten legen« zu lassen. Jens hörte sich meine Fallschilderung an und meinte, dass ein Freispruch nicht ausgeschlossen sei. Er habe auch schon mal so einen Freispruch mit einer DNA-Spur erlebt und sich diesen »ganzen Mist mit letzten Zweifeln und Rechtsstaatsprinzip« anhören müssen, obwohl er sicher war, dass der Angeklagte der Täter war. Er schaute auf den Aktendeckel und meinte, dass der Fall aber vor einer angesehenen Kammer verhandelt werde. Sie habe bei der Staatsanwaltschaft einen guten Ruf und würde durchaus auch harte Strafen aussprechen. Der Vorsitzende sei während der Verhandlung immer recht freundlich und zugänglich gegenüber dem Angeklagten, würde dann aber »eiskalt« harte Strafen verhängen. Sein Spitzname sei die »lächelnde Guillotine«. Jens meinte, ich müsse den Vorsitzenden anrufen und über den Fluchtversuch informieren.

Der Vorsitzende entscheidet, welche Sicherungsmaßnahmen im Gerichtssaal getroffen werden und ob die Handschellen abgenommen werden können. Ich setzte ihn über Sinans Vorgeschichte in Kenntnis, er bedankte sich für meinen Anruf und versprach vorsichtig zu sein.

Der Rettungsring des Peter Z.

Die beiden Zeugen warteten vor der Tür. Es war der voraussichtlich letzte Verhandlungstag in dem Vergewaltigungsprozess. Die Richterin wollte nun den ersten Zeugen hereinrufen und zu den Geschehnissen in dem Auto befragen. Das ging mir jedoch ein bisschen schnell. Schließlich nahm ich an, dass es sich um eine verabredete Geschichte handelte, die keinen realen Hintergrund hatte. Ein komplexes Geschehen abzusprechen ist ziemlich schwierig. Sobald man Einzelheiten abfragt, merkt man schnell, wer von einem tatsächlichen Erlebnis mit allen möglichen Details, Emotionen oder auch Komplikationen berichtet, und wer anfängt zu rudern (weil es nur ein grobes Übereinkommen über den Kern der Geschichte gibt). Ausnahmen bestätigen natürlich die Regel. Generell kann man es jedoch durchaus als vielschichtiges und schwieriges Unterfangen ansehen, unter Strafandrohung vor Gericht Falschangaben zu machen. Die Erfahrung zeigt, dass dies von Zeugen, die zur Lüge entschlossen sind, oft unterschätzt wird.

Ich wollte nun erst mal vom Angeklagten genau wissen, wie sich alles abgespielt haben sollte. Er gab an, in einer Nacht im Februar auf der Heimfahrt von der Diskothek die beiden Zeugen und Nina R. ein Stück mitgenommen zu haben. Er habe dann angehalten, um die beiden Zeugen aussteigen zu lassen (natürlich unter einer Laterne, damit alles

Folgende gut zu sehen war). Kaum seien die beiden draußen gewesen, habe sich Nina R. schon »über ihn hergemacht«. Er habe dann noch mal nach rechts über die Schulter zurückgeblickt und gesehen, dass die Zeugen ungefähr zwei Meter hinter dem Fahrzeug auf dem Bürgersteig stehengeblieben waren und zum Auto blickten. Da sei der Kopf von Nina R. schon in seinem Schoß gewesen. Die Zeugen seien dann entgegen der Fahrtrichtung weggegangen. Auf meine Frage, wie denn die Zeugen aus diesem Winkel etwas wahrgenommen haben wollten, meinte er, dass es durchaus möglich sei, durch die Heckscheibe und zwischen den Autositzen hindurch etwas vom vorderen Innenraum zu sehen. Ich fragte ihn, ob der Motor lief und die Scheinwerfer eingeschaltet waren. Der Angeklagte überlegte und meinte, er wisse es nicht mehr.

Mehrfach unterbrach der Verteidiger meine Fragen und meinte, dass es hier ja wie in Kuba zugehe. Der Staatsanwalt frage den Angeklagten in aller Ausführlichkeit aus, während er bei der Belastungszeugin darauf verzichtet habe. Ich antwortete, dass ich meine Fragen immer dann stellen würde, wenn ich auch tatsächlich welche hätte.

Schließlich wurde der erste Zeuge hereingerufen. Er war wegen kleinerer Drogendelikte vorbestraft. Aufgrund von Geldproblemen und ständigen Zwangsvollstreckungen hatte er kein eigenes Konto mehr. Auf Nachfrage gab er an, dass er das Konto von Peter Z. mitbenutzen dürfe und dieser sein Geld treuhänderisch verwalte. In der Sache bestätigte er, dass er Nina R. in einer eindeutig auf Oralverkehr hindeutenden Position mit dem Angeklagten beobachtet habe. Er könne sich noch klar an die hellblonden Haare von Nina R. im Schoß des Angeklagten erinnern. Schließlich habe er mit dem anderen Zeugen direkt vor der vorderen Seitenscheibe des Fahrzeuges gestanden. Er wisse nicht mehr, ob der Motor lief oder die Scheinwerfer brannten. Er sei dann mit dem anderen Zeugen in Fahrtrichtung des parkenden Autos weggegangen. An der nächsten Kreuzung habe er sich von dem anderen getrennt.

Schön wäre es, wenn ich jetzt berichten könnte, wie ich dem Zeugen die Version des Angeklagten vorhielt und der Zeuge unter der Last der Widersprüche zusammenbrach und die Absprache zähneknirschend zugab. Die Widersprüche, die darin bestanden, dass die Zeugin Nina R. zu diesem Zeitpunkt nachweislich braune Haare hatte und der Angeklagte Standort und Weg der Zeugen ganz anders beschrieben hatte. Ein solches »Umfallen« der Zeugen passiert jedoch eher bei entsprechenden Sendungen im Fernsehen als im wirklichen Gerichtsalltag. Ich hielt dem Zeugen zwar die Widersprüche vor, aber sofort mischte sich der Verteidiger ein und erklärte, dass der Zeuge doch gesagt habe, was er noch wisse. Mehr könne man nicht verlangen. Der Zwischenruf wurde von der Richterin natürlich untersagt. Der Zeuge hatte dadurch jedoch schon wieder etwas Zeit zum Nachdenken. Außerdem hatte der Verteidiger nun eine Antwortmöglichkeit vorgegeben. Der Zeuge druckste etwas herum und meinte schließlich, dass er sich nicht weiter erinnern könne. Damit wurde die Zeugenvernehmung beendet.

Sodann wurde der zweite Zeuge hereingerufen. Auch er bestätigte, dass er Nina R. in dieser eindeutigen Position beobachtet hätte. Er habe mit dem anderen Zeugen schräg durch das hintere Seitenfenster geschaut. Auf Nachfrage erklärte er, dass er die Zeugin gut gesehen habe. Trotz der dunklen Haare, denn die Innenbeleuchtung des Fahrzeugs sei eingeschaltet gewesen. Er habe sich dann von dem anderen Zeugen verabschiedet. Er sei in Fahrtrichtung und sein Bekannter entgegengesetzt davongegangen.

Auch ihn konfrontierte ich mit der Version des Angeklagten und der des anderen Zeugen. Sofort mischte der Verteidiger sich wieder ein und wurde abermals von der Richterin ermahnt. Der Zeuge gab dann an, sich nicht mehr genau erinnern zu können. Ich erklärte ihm, dass sich das gerade aber anders angehört hatte. Schließlich erklärte er, dass es eigentlich doch so gewesen sei, wie er bekundet hatte. Weitere Nachfragen brachten nichts Neues zu Tage. Schließlich wurde der Zeuge entlassen.

Da die Beweisaufnahme doch einige Zeit in Anspruch genommen hatte, wurde für die Abschlussplädoyers und die Urteilsverkündung nach Beratung ein weiterer Sitzungstag vereinbart.

Die Hauptverhandlung gegen Sinan beginnt

Ich hoffe, Sie haben mitbekommen, dass mein Mandant hinsichtlich des Raubüberfalls in Chemnitz freigesprochen wurde.« Der Verteidiger hielt triumphierend eine Kopie des Urteils in die Höhe, durch das sein Mandant bei einem gleich gelagerten Vorwurf vom Landgericht Chemnitz freigesprochen worden war.

Da saß ich nun bei meinem größten Fall, den ich während meiner Zeit als Staatsanwalt in der Sitzung vertreten musste. Zumindest, wenn man dafür die Höhe der zu erwartenden Strafe im Falle einer Verurteilung heranzog.

Grundsätzlich wird ein Raub nach §249 Strafgesetzbuch mit einer Freiheitsstrafe von einem Jahr bis zu fünfzehn Jahren bestraft. Nach §250 Abs. 1 Nr. 1a Strafgesetzbuch beträgt die Mindeststrafe aber bereits drei Jahre, wenn einer der Täter eine Waffe oder ein anderes gefährliches Werkzeug mit sich führte. Die bei der Tat verwendete Pistolenattrappe war zwar keine Waffe, aber ein gefährliches Werkzeug. Mit ihr konnten als Schlag- oder Hiebwaffe erhebliche Körperverletzungen herbeigeführt werden. Werner L., eines der Opfer, hatte dies zu spüren bekommen. Mit der schweren Pistolenattrappe waren ihm eine Platzwunde zugefügt und zwei Zähne ausgeschlagen worden. Angeklagt war deshalb ein schwerer Raub nach §250 Abs. 2 Nr. 1, wonach die Mindeststrafe sogar fünf Jahre beträgt, wenn ein mitgeführtes gefährliches Werkzeug auch eingesetzt wird. Erschwerend kam hinzu, dass der Angeklagte kurz vor der Tat wegen eines schweren Raubes eine Strafhaft verbüßt hatte, deren letztes Drittel zur Bewährung ausgesetzt worden war. Eine Große Strafkammer des Landgerichts Leipzig hatte ihn wegen eines Banküberfalls zu einer mehrjährigen Haftstrafe verurteilt. Der Angeklagte war direkt aus der Strafanstalt nach Algerien abgeschoben worden. Die Bewährungszeit für den Rest der Strafe sollte für Sinan also in Algerien ablaufen. Er war jedoch umgehend wieder in Deutschland aufgetaucht und hatte die Tat bereits wenige Monate nach seiner Entlassung, also während der noch laufenden Bewährungszeit, begangen. Dies zeigte die Unbelehrbarkeit des Angeklagten und würde im Falle einer Verurteilung strafschärfend zu berücksichtigen sein.

Es sollte nicht nur mein größter Fall, sondern auch einer meiner letzten als Staatsanwalt werden. Die Hauptverhandlung zog sich über mehrere Sitzungstage und meine Zeit als Proberichter bei der Staatsanwaltschaft Berlin näherte sich dem Ende. Wunschgemäß wurde mir eine Richterstelle bei einem Zivilgericht in Aussicht gestellt. Kurz nach Abschluss dieses Falles würde ich wahrscheinlich wechseln.

Ich hatte mir die Akte dieses schweren Raubüberfalls genauso sorgfältig durchgelesen wie das Freispruchurteil aus Chemnitz. Es blieb zu hoffen, dass es diesmal für eine Verurteilung reichen würde. Nach Aktenlage war Sinan H. genauso schuldig wie der Angeklagte in dem Vergewaltigungsprozess, der letzte Woche zu Ende gegangen war. Aber das hatte nichts zu heißen. Immer wenn ich an diesen Prozess zurückdachte, bekam ich Bauchschmerzen.

Das Urteil im Vergewaltigungsprozess

Als Staatsanwalt hatte ich als Erster mein Abschlussplädoyer zu halten. Ich ging dabei genau auf die Zeugin Nina R. ein. Ich erklärte, dass nichts vorliege, was die Annahme einer derartigen Falschaussage durch die Zeugin rechtfertigen würde. Immerhin handelte es sich nicht um eine geplante Aussage, Wochen nach der Tat. Zwischen Tat und erster Vernehmung lagen nur wenige Stunden. Weder in der Person noch im Umfeld der Zeugin waren verdächtige Umstände wie ein schwieriges familiäres Umfeld, psychische Probleme oder Ähnliches ersichtlich, die auf eine Falschaussage hindeuten könnten. Die Zeugin war dem körperlich weit überlegenen Angeklagten in der fremden Wohnung hilflos ausgeliefert, was ihren geringen physischen Widerstand erklärte. Auch die spätere Fahrt mit dem Angeklagten zur Diskothek sei nichts Ungewöhnliches. In dem Verhältnis zwischen Täter und Opfer gebe es nicht nur schwarz und weiß. Es sei keineswegs so, dass Opfer nach der Tat immer schreiend wegrennen würden. Wer könne sich anmaßen, das Verhalten der Zeugin als auffallend im Sinne einer Falschverdächtigung zu bezeichnen. Einer Zeugin, die ihren ersten Geschlechtsverkehr als Vergewaltigung erfuhr und für immer damit leben musste. Einer Zeugin, die völlig verwirrt und blutend über Stunden auf einem Barhocker in einer Diskothek saß.

Hinsichtlich des Angeklagten ging ich im Einzelnen auf die Sexgeschichte im Auto ein. Sowie nach Einzelheiten gefragt wurde, seien die Angaben des Angeklagten und der Zeugen derart auseinandergegangen, dass die Lüge greifbar gewesen sei. Auch inhaltlich habe diese Geschichte einfach zu gut ins Konzept der Verteidigung gepasst, um wahr zu sein. Es handle sich um den missglückten Versuch des Angeklagten, die siebzehnjährige Zeugin Nina R. als sexuell besonders aktiv und freizügig darzustellen. Da die Zeugin nachweisbar noch Jungfrau war, konnte es sich natürlich nur um Oral- oder Analverkehr handeln. Selbstverständlich fand dieser in der Öffentlichkeit statt, sodass es Zeugen geben konnte. Und selbstverständlich fiel Nina R. über den Angeklagten bereits in dem Moment her, als die Zeugen die Autotüren hinter sich zugeworfen hatten. Die Sache stank zum Himmel.

Ich erklärte dem Gericht, entscheidend sei gar nicht einmal, dass der Angeklagte diese Story nicht glaubhaft schildern konnte. Wichtig war vielmehr, dass man daraus klare Rückschlüsse auf die sonstige Einlassung des Angeklagten zur Tatnacht ziehen konnte. Der Angeklagte sei kein Mann, der im Prozess die Wahrheit und nichts als die Wahrheit angegeben habe. Er habe ohne mit der Wimper zu zucken dem Gericht schamlos ins Gesicht gelogen. Das Gericht dürfe sich nicht täuschen lassen. Der Angeklagte sei ohne Frage sehr intelligent. Aber Vergewaltigung sei kein Ausdruck von Dummheit und mache nicht bei einem bestimmten Intelligenzquotienten halt. Er sei schuldig im Sinne der Anklage, zwar nicht vorbestraft, aber ohne jegliche Reue. Bei einer Mindeststrafe von zwei Jahren Freiheitsstrafe seien auch die erheblichen Folgen für das Opfer zu berücksichtigen. Ich beantragte eine Freiheitsstrafe von drei Jahren.

Der Nebenklägervertreter, Rechtsanwalt und Interessenvertreter der Zeugin Nina R., argumentierte in ähnlicher Weise und beantragte ebenfalls drei Jahre Freiheitsstrafe.

Als Nächstes war das Abschlussplädoyer der Verteidigung dran. Der Verteidiger erklärte, dass man hier zum Glück nicht in Kuba sei. Es gelte das Rechtsstaatsprinzip. Auch wenn nur die geringsten Zweifel an der Täterschaft des Angeklagten verblieben, müsse – im Zweifel für den Angeklagten – ein Freispruch erfolgen. Im vorliegenden Fall bestünden mehr als nur Zweifel. Es stehe Aussage gegen Aussage. Die Zeugin Nina R. habe keinerlei Gegenwehr gezeigt und sei hinterher mit dem Angeklagten zu einer Diskothek gefahren. Die Verteidigung und der Angeklagte hätten keine Ahnung, warum die Zeugin diese schlimme Falschverdächtigung ausgesprochen habe und daran festhalte. Vielleicht sei es ihr in der Diskothek peinlich gewesen, dass sie blutete. Wirkte so was nicht irgendwie schlampig? Vielleicht wollte sie vor ihren Freunden nicht so dastehen. Dazu noch der Frust, dass der Angeklagte auch nach dem Geschlechtsverkehr keine tiefere Beziehung zu ihr gewollt habe. Der Verteidiger hob nochmals die großen Farbfotografien aus der Diskothek hoch. Er meinte, man müsse sich nur die Bilder ansehen, wie sich die Zeugin schon zwei Wochen nach der vermeintlichen Tat wieder leicht bekleidet mit ihren Freunden in der Diskothek vergnügt habe. Auch hätten die beiden Zeugen, wie der Angeklagte, letztlich den Oralverkehr der Zeugin bestätigt. Man könne es drehen und wenden wie man wolle, die Zeugin Nina R. habe es ganz dick hinter den Ohren. Ja, der Staatsanwalt sei voreingenommen. Er habe den Angeklagten und die Zeugen zu den sexuellen Eskapaden der Zeugin Nina R. im Auto sehr gründlich ins Verhör genommen und ständig Fallen gestellt. Der Zeugin Nina R. aber habe er einfach geglaubt und kaum Fragen an sie gerichtet.

Dazu hätte ich allerdings anmerken können, dass die Zeugin Nina R. zu der Tatnacht vom Gericht bereits ausführlichst befragt worden war, was beim Angeklagten und den Zeugen zu dem Geschehen im Pkw nicht der Fall war.

Aber das Gericht werde ausgewogen urteilen und den Angeklagten freisprechen, fuhr der Verteidiger fort. Es werde auch seinen Mandanten betrachten: ein aufrichtiger Bürger, ein fürsorglicher und verheirateter Familienvater. Er habe sich nie auch nur das Geringste zuschulden kommen lassen.

Das letzte Wort hatte der Angeklagte. Er wandte sich an die Amtsrichterin und die beiden Schöffinnen und schloss sich den Ausführungen seines Verteidigers an. Er schaute den Richterinnen direkt in die Augen und erklärte, dass er wirklich unschuldig und der Geschlechtsverkehr einvernehmlich erfolgt sei. Für die Anzeige habe er keine Erklärung.

Und da war es wieder, dieses Lächeln auf seinem Gesicht. Er strahlte das Gericht geradezu an. Konnte ein Unschuldiger unter solch einem Druck ein so gelöst wirkendes Lächeln aufsetzen? War es möglich, als Schuldiger eine zurechtgelegte letzte Ansprache mit zurechtgelegtem Lächeln zu präsentieren? Ich hätte alles auf Letzteres gewettet. Sicherlich verlangte dies erhebliche Selbstdisziplin und Selbstbeherrschung. Der Täter verfügte aber über einen hohen Intellekt. Für einen unschuldigen Vater von zwei kleinen Kindern, bei dem der Staatsanwalt gerade drei Jahre Gefängnis (ohne Bewährungsmöglichkeit) beantragt hatte, wirkte dieses Verhalten einfach nur unnatürlich.

Das Gericht zog sich zur Beratung zurück. Ich wollte

unbedingt, dass der Angeklagte verurteilt wurde. Ein Staatsanwalt mit jahrelanger Erfahrung aus unzähligen strafrechtlichen Hauptverhandlungen würde einem solchen Prozess vielleicht innerlich gelassen gegenüberstehen. Mich hatte er hingegen wirklich mitgenommen. Ich war fest von Peter Z.s Schuld überzeugt und wütend auf den Angeklagten. Nicht nur, weil mir die Zeugin Nina R. so leidtat, sondern weil der Angeklagte und der Verteidiger dafür gesorgt hatten, dass sie sich im Gerichtssaal erneut erniedrigt fühlen musste. Weil sie die Zeugin in den Dreck ziehen wollten und ich das Lächeln in gewisser Weise auch einer arroganten Art des Angeklagten (ihm konnte keiner was!) zuschrieb.

Die Lügengeschichte zur Vergewaltigung war einfach zu erzählen. Man konnte die Wahrheit berichten und musste nur die verbale und geringe körperliche Gegenwehr der Zeugin Nina R. weglassen. Einfach! Das gab dem cleveren Angeklagten ein gutes und sicheres Gefühl. Märchen zu präsentieren, die in allen Punkten erfunden waren (wie die Sexgeschichte im Auto), war dagegen viel schwerer. Und das hatte ich dem Angeklagten deutlich vor Augen geführt. Ich konnte nur hoffen, dass es auch für das Gericht reichte.

Die Beratung des Gerichts dauerte eher kurz. Ein Zeichen dafür, dass das Gericht sich schon vor den Plädoyers weitgehend festgelegt hatte. Alle erhoben sich, um im Namen des Volkes zu hören, dass der Angeklagte auf Kosten der Staatskasse freigesprochen wurde! Ich war stinksauer, wusste aber, dass irgendwelche Einwände gegenüber dem Gericht oder Verbalattacken gegen den Angeklagten jetzt nichts mehr brachten. Stattdessen durfte ich noch das Grinsen von der Verteidigerbank über mich ergehen lassen.

Ich war ziemlich geknickt. Doch mit der Urteilsbegründung bekam ich noch ein paar Tiefschläge hinterher. Umfallen konnte ich aber nicht mehr, da die Urteilsbegründung im Sitzen abgegeben und vernommen wird. Sie begann mit den Worten, dass sich das Gericht im Laufe der Verhandlung ein Bild von dem Angeklagten gemacht habe und aufgrund seines höflichen, friedlichen und milden Auftretens der festen Überzeugung sei, dass der Angeklagte zu einer solchen Tat gar nicht fähig sei. *Na toll!* Der Angeklagte, konfrontiert mit so fürchterlichen Vorwürfen und derart existenzvernichtenden Folgen, sei in der Verhandlung dennoch offen und ausgeglichen geblieben, lobte die Vorsitzende.

So war er halt, der Angeklagte. Ein richtiger Gentleman, dachte ich ironisch. Mir wurde flau in der Magengegend. Dieser Vorsprung an Menschenkenntnis seitens des Gerichts war einfach unerträglich, und ich schaute mit gesenktem Kopf in den Fußraum meiner Staatsanwaltskanzel. War dort eine Minibar mit einem Magenbitter oder so?

Das Gericht wandte sich nun der Bewertung der Zeugenaussage von Nina R. zu. Es bestünden Zweifel an der Glaubhaftigkeit ihrer Darstellung. Zunächst sei merkwürdig, dass die Zeugin die eigentliche Tat nicht habe schildern wollen, sondern nur mit kurzen Worten angab, dass der Angeklagte »es dann gemacht« habe. Erst auf Nachfrage habe sie sich näher erklärt. So wie sie die Tat beschrieben habe, wäre es nach Ansicht des Gerichts ein Leichtes gewesen, sich gegen die Vergewaltigung zu wehren. Insbesondere sei unklar geblieben, wie der Angeklagte die Zeugin gleichzeitig festgehalten und ihr die Strumpfhose heruntergezogen haben soll. Dies hätte die Zeugin doch einfach verhindern können. Insgesamt lasse das geringe

Verteidigungsverhalten der Zeugin Zweifel an einer Vergewaltigung aufkommen.

Auch diese Argumentation des Gerichts fand ich nicht stichhaltig. War es nicht nachvollziehbar, dass Nina R. nur ungern vor so vielen fremden Menschen in allen Einzelheiten von der Vergewaltigung berichten wollte? Nachdem man ihr erklärt hatte, warum sie nochmals ausführlich aussagen musste, hatte sie dem doch Folge geleistet! Auch im Übrigen fand ich die Schilderung der Zeugin zu der Vergewaltigung nachvollziehbar. Nina R. war mit dem Angeklagten allein in einer Wohnung und er war ihr körperlich weit überlegen. Welchen Widerstand hätte die Zeugin aus Sicht des Gerichts denn leisten sollen? Der Angeklagte hatte sie doch in der Gewalt. Außerdem hatte die Zeugin angegeben, dass sie die ganze Zeit auf den Angeklagten eingeredet habe, er solle aufhören. Ich konnte mich auch nicht erinnern, dass das Gericht bei der Zeugin nachgefragt hätte, weil der Ablauf der Vergewaltigung schleierhaft geblieben sei.

Das Gericht meinte weiterhin, dass ein tatsächliches Vergewaltigungsopfer sofort nach der Tat zur Polizei gehe und sich nicht erst von dem Täter in eine Diskothek fahren lasse.

In der Tat wirkte dies auf den ersten Blick merkwürdig. In meinem Plädoyer hatte ich jedoch auf den erkennbaren Schockzustand der Zeugin hingewiesen.

Für die Story mit dem Auto hatte das Gericht in der Begründung kein Wort übrig.

Schließlich war die Urteilsbegründung zu Ende. Ich verließ den Gerichtssaal und stapfte niedergeschlagen in mein Zimmer. In diesem Fall blieb nichts weiter zu tun, als in der

Handakte der Staatsanwaltschaft kurz den Sitzungsverlauf zu dokumentieren und zu der Frage Stellung zu nehmen, ob die Staatsanwaltschaft in die Berufung gehen solle oder nicht. Ich regte die Einlegung eines Rechtsmittels an. Zu entscheiden hatte darüber der zuständige Staatsanwalt aus dem Dezernat für Sexualdelikte.

Was mich bedrückte, war nicht so sehr der Freispruch an sich. Die Notwendigkeit einer gewissen Distanz und vor allem Sachlichkeit bei der Beurteilung der strafrechtlichen Verhandlungen war natürlich auch mir bewusst. Einen Freispruch als solchen darf man nicht als persönliche Niederlage verstehen. Auch die Tatsache, dass ein (aus der Sicht des Gerichts) nur wahrscheinlich Schuldiger unbehelligt seiner Wege gehen kann, war für mich ohne Weiteres zu verkraften. Schon zu Beginn des Jurastudiums war uns in verfassungsrechtlichen Vorlesungen die große Bedeutung eines rechtsstaatlichen Verfahrens (zu dem auch die Unschuldsvermutung gehört) klar geworden, und auch der Preis, den man dafür bezahlen muss. Und wir hatten ihn akzeptiert. Die Gefahr mehrerer frei herumlaufender, aus Zweifelsgründen freigesprochener vermeintlicher Täter wiegt weniger schwer, als die Gefahr der Verurteilung nur eines Unschuldigen. Was mich belastete, war die Frage, ob ich wirklich alles in meiner Macht Stehende getan hatte, um einen aus meiner Sicht schuldigen Angeklagten der Verurteilung zuzuführen. Hätte ein Staatsanwalt mit mehr Berufserfahrung, vielleicht sogar dem Wissen aus bereits geführten Vergewaltigungsprozessen, eine Verurteilung erreicht? Hätte er an der einen oder anderen Stelle besser antizipiert, wo das Gericht Zweifel haben würde, und diese durch geschickte Fragen oder auf andere Art und Weise beseitigen können? Hätte ich selbst vermeintliche Schwachstellen der Zeugenaussage von Nina R. genauer erkennen und für ein »besseres Licht« in diesen Punkten sorgen müssen? Auch heute noch, einige Jahre später, denke ich manchmal über diese Fragen nach. Antworten darauf sind kaum zu bekommen. Ein Prozessverlauf ist zu komplex, um ihn einem anderen Staatsanwalt so zu erzählen, dass er sichere Angaben machen kann, fließen doch immer persönliche Eindrücke von dem Angeklagten und den Zeugen ein, auch Mimik und Gestik spielen eine Rolle. Es bleibt dabei, dass man mit seiner Entscheidungsfindung hinsichtlich der Frage der Täterschaft letztlich allein steht.

Im Café Jura erzählte ich am nächsten Tag von dem Prozess und bekam viel aufmunternden Zuspruch. Jens meinte, dass er dieses Gequatsche von der Unschuldsvermutung manchmal auch nicht mehr hören könne. Nämlich dann, wenn er selbst von der Schuld überzeugt sei. Es sei eine »bittere Pille«, die der Staatsanwalt in dieser Situation schlucken müsse. Er könne eben nur die Strafe beantragen, aber nicht verurteilen. Gerlinde meinte, dass es nur darauf ankomme, sein Bestes zu geben und zu versuchen, den Angeklagten »dranzukriegen«, wenn man von seiner Schuld überzeugt sei. Ein Patentrezept gebe es (auch für Vergewaltigungsprozesse) nicht, da jeder Fall anders und so vielschichtig wie das Leben selbst sei. Vorwürfe müsse ich mir nicht machen, wenn ich alles unternommen hätte, was mir eingefallen sei.

Damit war das Thema in der Kaffeerunde durch und andere wurden erörtert. Mona hatte eine Ermittlungsakte mitgebracht: Jemand hatte den Verlust seiner EC-Karte und unberechtigte Abhebungen am Geldautomaten durch unbekannte Personen angezeigt. Die EC-Karte sei ihm bei einem Kneipenbesuch entwendet worden. Der Geschädigte schwor Stein und Bein, dass er die Geheimzahl nur im Kopf und nirgendwo notiert habe. Außerdem habe er beim Eintippen der Geheimzahl immer schützend die linke Hand über die Tastatur gehalten. Der Vorraum der Bankfiliale, in der die Abhebungen erfolgten, wurde von einer Videokamera überwacht. Die Polizei hatte das Video angefordert. Als es schließlich kam, wurde deutlich, dass der Anzeigende bei dem Kneipenbesuch kräftig Alkohol getrunken haben musste. Auf den Bildern war zu erkennen, wie der vermeintlich Geschädigte, links und rechts eskortiert von jeweils einer unbekannten Person, denen er die Arme über die Schultern gelegt hatte, schwankend auf den Geldautomaten zustolperte. Offenbar hob der Geschädigte selbst fröhlich singend und im Einvernehmen mit seinen Begleitern einen größeren Betrag ab. Die Bilder machten den Eindruck, als ob zwei Seeleute einen Betrunkenen zur Reling brächten, damit er sich erleichtern konnte. Wir mussten alle lachen und mir ging es wieder ein bisschen besser. Ob es in dem Vergewaltigungsprozess eine Berufung gab und der Angeklagte vielleicht doch noch verurteilt wurde, habe ich nie erfahren.

Erika L.

Ich verlas die Anklage in dem Raubprozess gegen Sinan H., nachdem das Gericht die Personalien des Angeklagten erörtert hatte. Das Gericht hatte nun einige Zeit für eine mögliche Einlassung des Angeklagten freigehalten. Der Verteidiger teilte jedoch mit, dass »derzeit« keine erfolgen sollte. Nach einer kleinen Pause wurden daher schon die Geschädigten Erika und Werner L. als Zeugen vernommen.

Der Gerichtswachtmeister rief zunächst Erika L. herein. Sie nahm auf einem kleinen Stuhl Platz. Vor ihr befand sich ein Tisch für Unterlagen, nicht größer als ein kleiner Schminktisch. Links von ihr saßen auf Augenhöhe der Verteidiger und der Angeklagte. Vor ihr stand erhöht die große Richterkanzel und rechts genauso erhöht die Kanzel des Staatsanwalts. Um das Gericht anzusehen (es waren zwei Berufsrichter, eine Berufsrichterin und zwei Schöffinnen), musste sie den Kopf zwar nicht in den Nacken legen, aber schon erheblich nach oben recken. Im Zusammenspiel mit der riesigen Decke konnte dies doch ein wenig einschüchternd wirken. Der Saal hatte noch dieselbe Innenausstattung wie vor hundert Jahren und drückte aus, um wie viel höher als Angeklagte und auch Zeugen Richter und Staatsanwalt damals eingeschätzt wurden und dass das auch so empfunden werden sollte.

Nach den Angaben zu ihrer Person ließ das Gericht der

Zeugin ausreichend Zeit für ihre Ausführungen zu den Tatvorgängen, die mittlerweile schon viele Jahre zurücklagen. Man merkte, wie Erika L. aufblühte, als sie von dem kleinen Ladengeschäft erzählte. Es war beeindruckend, wie sie sich mit ihrem Mann gegen die Arbeitslosigkeit gewehrt hatte und es schaffte, sich in der »neuen Zeit« trotz aller Widrigkeiten eine kleine Existenz aufzubauen. Die Frau hatte einen starken Willen und Charakter, was sie mir sofort sympathisch machte. Und ich hatte nicht das Gefühl, dass sie beim Gericht einen anderen Eindruck hinterließ.

Dann schilderte sie den Verlauf der Tat erstaunlich detailliert. Wie sie Feierabend machen wollten und die Tür öffneten. Wie sie erschraken, als die maskierten Täter sie in das Ladengeschäft zurückdrängten und mit einer Pistole bedrohten. Wie sie sah, dass sich ihr Mann wehrte und mit der Pistole geschlagen wurde. Wie sie aus ihrer Starre erwachte, als das Blut über das Gesicht ihres Mannes strömte und sie sich zu wehren begann. Wie sie selbst geschlagen wurde und ihre schöne neue Brille, die sie sich quasi vom Munde abgespart hatte, zersplitterte und zu Boden fiel.

Die Berufsrichterin stöhnte leise auf und meinte: »Das ist ja furchtbar.« Sie schaute kurz zu mir rüber, so als wollte sie sich vergewissern, ob ich auch alles mitbekommen hätte und was ich dagegen unternehmen wollte. Ja, ich hatte alles gehört, aber verurteilen musste das Gericht schon selber, dachte ich. Sollte sich der Tatverdacht in der Hauptverhandlung bestätigen, würde es jedenfalls keinen zu niedrigen Strafantrag meinerseits geben.

Erika L. wurde schließlich nach den Auswirkungen der Tat auf ihr weiteres Leben gefragt. Ja, sie hätten den materiellen Schaden von der Versicherung erstattet bekommen.

Sogar eine Entschädigung für die vorübergehenden Umsatzeinbußen. Trotzdem hätten sie den Laden schließen müssen. Sie sei einfach nicht mehr in der Lage gewesen, freundlich und aufgeschlossen auf Kunden zuzugehen. Genau das, was doch einen kleinen Laden an der Ecke ausmache. Schlimmer noch, sie habe regelrecht Angst vor Kunden gehabt. Jedes Mal, wenn ein Kunde den Laden betrat, habe sie sich fürchterlich erschrocken. War es womöglich einer der Täter? Sie berichtete von ihren Albträumen, die sie immer noch mehrmals in der Woche heimsuchten. Wie sie dann wieder mit den maskierten Tätern kämpfen musste. Sie erzählte von dem kleinen Imbissstand, in dem sie jetzt arbeitete und wo sie nur Speisen zubereitete, jedoch nie und unter keinen Umständen mit Kunden in Kontakt treten wollte. Sie beweinte nicht das Unglück, das die Täter über sie gebracht hatten, sondern pries das Glück, so verständnisvolle Arbeitgeber gefunden zu haben. Sie würden nie die Bedienung der Gäste von ihr verlangen.

Als sie mit ihrer Schilderung fertig war, hing einen Moment lang Schweigen in dem großen Saal mit seinen sieben Meter hohen Wänden und seinem großen Zuschauerbereich. Dem großen Saal, in den sich nicht ein einziger Zuschauer verlaufen hatte, um sich für das Unrecht zu interessieren, das Erika und Werner L. widerfahren war.

Alle mussten das Gehörte erst mal sacken lassen. Erika L. vergoss bei ihrer Zeugenaussage nicht eine Träne. Und ich war mir sicher, dass ich nicht der Einzige bei dieser Gerichtsverhandlung war, der nach diesen Ausführungen innerlich eine Träne wegdrückte. Es gab noch vereinzelte Nachfragen, und dann war Erika L. als Zeugin entlassen. Sie erhob sich, schaute dem Angeklagten kurz ins Gesicht, drehte sich um und verließ den Gerichtssaal. Sie kam auch an den weiteren Verhandlungstagen nicht mehr zurück. Ein Rechtsanwalt vertrat jedoch in ihrem Interesse die Nebenklage gegen den Angeklagten.

Als Nächstes wurde Werner L. als Zeuge vernommen. Auch er konnte sich noch gut an die Tat erinnern. Die Platzwunde am Kopf war gut verheilt. Im Übrigen hatte er sich jedoch einer langwierigen kieferorthopädischen Behandlung unterziehen müssen, um die Folgen der Schlagverletzungen zu beseitigen. Gesichtszüge habe er damals leider nicht erkennen können, obwohl er einem der Täter die Maske vom Kopf gezogen habe. Sie lag dann wohl in dem Hausflur. Dann sei ja schon die Kriminalpolizei gekommen. Als es keine weiteren Fragen mehr gab, war der erste Verhandlungstag beendet.

Der Weg der DNA-Spur

Am zweiten Verhandlungstag wurden als weitere Zeugen die Beamten von der Spurensicherung, die den Tatort ausgewertet hatten, vernommen und Peter K., der zufällig am Tatort vorbeigekommen war. Peter K. bekundete, dass er Erika L. schreien hörte, gleich darauf einen der Täter vergeblich verfolgte und dessen Rucksack zum Tatort zurückbrachte. Er berichtete, wie er Erika und Werner L. auf der Straße vor ihrem kleinen Laden vorgefunden hatte. Wie Werner L. auf die Knie gegangen war, um seine zusammengebrochene Frau zu umarmen. Beide weinend und von Blut überströmt. Ein Haufen Elend.

Sodann waren die drei Beamten von der Spurensicherung an der Reihe. Es gab Fotos vom Tatort in der Strafakte, auf denen der Laden aus allen möglichen Perspektiven und die genaue Lage der Beweismittel festgehalten waren. Das Gericht wollte wissen, welcher Polizist die Fotos gemacht, die Masken als Beweismittel eingetütet und versandt hatte. Es konnte jedoch nicht mehr rekonstruiert werden, wer die Fotos aufgenommen hatte. In der Akte gab es als Hinweis auf den Fotografen nur ein Handzeichen, das die Beamten nicht zuordnen konnten. Einer der Beamten konnte zwar angeben, dass er die Masken in Plastiktüten umgepackt und dabei jeweils außen die genaue Lagebezeichnung vermerkt hatte. Er wusste aber nicht, wer sie wann zur polizeilichen

Untersuchungsstelle geschickt hatte. Der Vorfall lag einfach auch schon viele Jahre zurück.

Der Vorsitzende wirkte verärgert und fragte ungläubig, warum die Beamten ihre Arbeitsschritte in der Ermittlungsakte nicht genau und nachvollziehbar dokumentiert hatten. Dabei gab es Seitenblicke von ihm in meine Richtung. Sie signalisierten mir, dass die Beweisaufnahme nicht nach Plan verlief. Ich überlegte, dass das entscheidende Beweismittel die DNA-Spur an der Maske war. Das Gericht wollte offenbar im Detail die Spur der Maske vom Tatortgeschehen bis zur Untersuchung im Labor verfolgen. Das war nur logisch, wenn man den DNA-Treffer als Beweismittel verwenden und der Maske als Spurenträger sicher zuordnen wollte. Und das klappte mit den Zeugen nicht richtig. Das Problem war, dass ich nicht wusste, was man dagegen tun konnte. Im Normalfall muss ein Polizeibeamter den Versand eines Beweismittels mit seinem Namen und einer Nummer dokumentieren. Sodann bestätigt die polizeitechnische Untersuchungsstelle den Eingang, wobei die Beweismittelnummer nochmals genannt und die eigene Bearbeitungsnummer mitgeteilt wird. Dieser Vorgang fehlte in meiner staatsanwaltschaftlichen Handakte. Das war an sich noch nicht weiter verwunderlich, da für die Handakte nur die wesentlichen Vorgänge aus der Strafakte kopiert worden waren. Schwierigkeiten konnte es allerdings geben, wenn diese Vorgänge auch in der Strafakte des Gerichts fehlten. Ich konnte nur hoffen, dass der Angeklagte nicht durch eine solche Ermittlungspanne zum Freispruch gelangen würde.

Am nächsten Tag besuchte mich meine spätere Nachfolgerin an meinem Arbeitsplatz. Mein Wechsel zu einem

Zivilgericht war beschlossene Sache und der Termin stand auch schon fest. Drei Wochen verblieben mir noch bei der Staatsanwaltschaft. Frau Dr. Heinemann (Cornelia) würde dann mein Dezernat übernehmen. Es sollte ihre zweite Station als Proberichterin werden und sie hatte schon von mehreren Kollegen gehört, wie schwierig der Start bei der Staatsanwaltschaft sei. Maja und ich berichteten ihr von den wirklich netten Kollegen in unserer Abteilung. Außerdem versicherte Maja, dass sie für Fragen immer zur Verfügung stünde, genauso wie ich es bei ihr gehalten hatte. Zudem konnte ich Cornelia mitteilen, dass ich die offenen Verfahren meines Dezernats auf unter hundert verringert hatte. Es war ein recht gut aufgeräumtes Dezernat, was ihr den Einstieg erleichtern würde. Von angsteinflößenden Aktenbergen, riesigen Gürteltieren und Dr. Ring erzählten wir erst mal nichts. Vielleicht würde Cornelia diesbezüglich auch bessere Erfahrungen machen. Ich glaube, Cornelia hatte ein ganz gutes Gefühl, als sie unser Zimmer wieder verließ.

Jens erkundigte sich bei mir nach dem Verlauf des Raubprozesses. Ich schilderte ihm den schwierigen Verlauf der Beweisaufnahme am zweiten Sitzungstag. Es standen nur noch die Aussagen des Ermittlungsführers beim Raubdezernat, Kriminaloberkommissar Konrad, und der Gerichtsmedizinerin von der Charité, welche die Spur gefunden hatte, aus. Beide sollten am nächsten Verhandlungstag vernommen werden. Jens meinte, das sei eine sehr gefährliche Entwicklung. Ich solle den Ermittlungsführer anrufen. Wenn es noch weitere Unterlagen gab, dann hatte er sie in seiner Zweitakte. Ich meldete mich daraufhin bei Kriminaloberkommissar Konrad. Er meinte, dass er sicherheitshalber alle Unterlagen mitbringen werde, die er zu dem Fall noch habe.

Für Sinan wird es eng

Der dritte Verhandlungstag in dem Raubprozess gegen Sinan H. begann mit der Vernehmung von Kriminaloberkommissar Konrad. Wenn jemand die Zusammenhänge des Falles aufseiten der Polizei kannte, dann er. Ich hoffte, dass er etwaige Lücken in der Beweisführung des Gerichts schließen konnte. In dieser Erwartung wurde ich nicht enttäuscht. Zunächst klärte sich auf, dass Kriminaloberkommissar Konrad selbst am Tatort gewesen war und die Fotos gemacht hatte. Er erkannte sein Handzeichen in der Strafakte wieder. Auch zu der Behandlung der gefundenen Masken konnte er Auskunft geben. Er habe sie in Plastiktüten gesteckt und an die polizeitechnische Untersuchungsstelle versandt. Diese habe ihm dann auch den Eingang bestätigt. Auf Nachfrage des Gerichts konnte er seinen Aktenvermerk vorlegen, aus dem sich ergab, welche Beweismittelnummer er an welcher Maske angebracht hatte. Außerdem konnte er den Einlieferungsbeleg der polizeitechnischen Untersuchungsstelle vorlegen, worauf diese eigene Bearbeitungsnummern hinzugefügt hatte. Damit war auch der Weg der Masken zur DNA-Untersuchung genau belegt. Denn der Rückweg der Maske und die erneute Versendung zur Charité war in der Strafakte ohnehin dokumentiert.

Nunmehr sprang der Verteidiger wütend von seiner Bank auf. Die Verteidigung werde maßgeblich behindert und die

Verteidigungsstrategie völlig unterhöhlt. Es sei unmöglich, so wichtige Unterlagen erst mitten im Prozess der Verteidigung zur Verfügung zu stellen. Er verlangte die sofortige Aussetzung des Verfahrens, um sich auf die geänderten Umstände einstellen zu können. Der Vorsitzende Richter antwortete seelenruhig und freundlich, dass von einer Behinderung der Verteidigung nicht die Rede sein könne. Schließlich habe auch das Gericht die Unterlagen erst heute zu Gesicht bekommen. Einen Grund für eine Aussetzung könne er nicht erkennen. Wenn der Verteidiger noch Fragen an den Zeugen habe, solle er sie stellen. Da dies nicht der Fall war, wurde der Prozess fortgesetzt.

Als Nächstes erschien die Gerichtsmedizinerin der Charité. Sie erklärte dem Gericht das neue Verfahren, mit dem es gelungen war, die DNA zu vergleichen. Sie habe kleinste Spuren an der Maske gefunden und diese Moleküle durch Hinzugabe von Enzymen vergrößert. So sei die Täterspur quasi gewachsen. Sie wurde vom Gericht gefragt, wer in ihrer Abteilung die Tüten mit den Masken aufmache und wie viele Personen die Spurenträger bis zur Untersuchung in die Hand bekämen. Die Zeugin gab an, die Tüte selbst geöffnet, Spurenträger entnommen und untersucht zu haben. Dies habe sie in dem vorliegenden Spurengutachten alles sorgfältig dokumentiert.

Wenn man an den Freispruch des Angeklagten in Chemnitz dachte, lag hier vielleicht ein Schwachpunkt des Falles. Die DNA-Spur war ja nicht an Gegenständen vom Tatort, sondern auf einer am Tatort zurückgelassenen Maske gefunden worden. Naheliegend war die Überlegung, dass der Angeklagte weitere Raubüberfälle verübt hatte. Allein seine Vorverurteilung wegen schweren Raubes und auch sein genetischer Fingerabdruck bei dem Raubüberfall in Chemnitz sprachen Bände.

Kannte das Gericht die Urteilsbegründung des Freispruchs aus Chemnitz? Kamen die Richter gleichfalls auf die verhängnisvolle Idee, dass die sichergestellten Masken auch anderweitig zum Einsatz gekommen waren? Und Sinans DNA-Spur von einem anderen Überfall stammen konnte, während bei der hier verhandelten Tat ein anderer die Maske getragen und später zurückgelassen hatte?

Entsprechende Fragen wurden jedoch nicht gestellt, wie zum Beispiel, ob auch andere DNA-Spuren an der Maske gefunden worden waren. Die Maske war aus dem Beinteil einer Jogginghose gemacht worden (wie bei dem Raubüberfall in Leipzig, der zur Vorstrafe des Angeklagten geführt hatte). Wollte die Verteidigung vielleicht darauf herumreiten, dass der Angeklagte die Jogginghose eventuell mal beim Sport getragen hatte? Ich hielt das alles für abwegig. Nach der Urteilsbegründung in Chemnitz war ich jedoch auf alles gefasst.

Die Gutachterin gab schließlich auf Frage des Gerichts an, dass die Spur circa vier Zentimeter unter dem in der Maske geschaffenen Sehschlitz gefunden worden war. Da, wo bei Kampfhandlungen oder sonstigen Anstrengungen am ehesten Anhaftungen wie Speichelablagerungen zu erwarten waren. Anhand der Zellstruktur konnte sie auch als Speichelzelle aus dem Mundbereich identifiziert werden. Die Frage der sportlichen Nutzung der Jogginghose war damit vom Tisch.

Schließlich bekundete die Gerichtsmedizinerin, dass die Wahrscheinlichkeit einer Identität der gefundenen DNA mit der DNA des Angeklagten bei 9 Millionen zu 1 lag. Ihre Vernehmung war damit, genauso wie der dritte Sitzungstag, beendet. Am vierten und voraussichtlich letzten Verhandlungstag sollten eigentlich nur noch die abschließenden Plädoyers gehalten werden und das Gericht die Urteilsberatung durchführen.

Was war nun die Strategie der Verteidigung? Hatte der Kollege noch etwas in der Hinterhand? Grübelnd verließ ich den Sitzungssaal.

Ungebetene Ratschläge

Die Tür fiel hinter Sinan ins Schloss. Wütend trat er dagegen. Rainer ließ seinen Kugelschreiber sinken. Er war gerade dabei, ein Kreuzworträtsel in der Zeitung zu lösen. Der Hauptpreis war ein Silvesterwochenende im Kurhaus Binz auf Rügen für zwei Personen. Ein tolles Hotel! Und Silvester war schon in drei Monaten. Rainer überlegte, ob er im Falle des Gewinns wohl Hafturlaub bekommen würde. Auch sein Prozess hatte bereits begonnen und er bezweifelte stark, dass er bis Silvester auf freiem Fuß sein würde. Die Anstaltsleitung würde einen entsprechenden Antrag aber vermutlich wegen der Gefahr eines Fluchtversuchs ablehnen. War ein solcher nicht fast zwingend? Wer wollte schon nach einem Aufenthalt in einem Fünfsternehotel mit Wellness und allerfeinstem Essen in die tristen Räume der Justizvollzugsanstalt Moabit zurückkehren? Über das Essen hier wollte er gar nicht erst nachdenken und die Stimmung in der Zelle war doch auch echt scheiße! Sinan hatte jedenfalls schon ausgeglichenere Tage gehabt, fand Rainer.

»Was ist denn los, Sinan?«, fragte er.

»Mein Verteidiger ist eine Pfeife. Seine große Strategie. Bla bla bla, alles Mist. Der Oberbulle hat im Prozess ein paar Papiere vorgelegt und jetzt will mein Verteidiger, dass ich ein Geständnis ablege. Ein Geständnis! Ist der bescheuert?«

»Wieso denn ein Geständnis?«, Rainer schüttelte sich angewidert: »Das ist ja ekelhaft. Ich würde das nie im Leben machen. Willst du dich selbst hinter Gitter bringen? Du bist doch auf eine Mindeststrafe von fünf Jahren angeklagt.«

»Ich weiß doch«, schnaubte Sinan ärgerlich. »Aber der Verteidiger meint, das Gericht hat den Fall jetzt wasserdicht gemacht. Der blöde Bulle hat einfach noch weitere Unterlagen gehabt. Damit habe niemand rechnen können. Eine Riesensauerei! Er sagt, dass er geradezu riechen könne, dass das Gericht verurteilen wolle.«

Rainer musste innerlich schmunzeln. So ein harter Typ war Sinan dann offensichtlich doch nicht. Sie hatten ihn da ganz schön weichgekocht vor der Großen Strafkammer. Und das Verteidigergenie, von dem Sinan immer geschwärmt hatte, hatte offenbar auch nur Grütze im Kopf. »Aber ein Geständnis bei einer Mindeststrafe von fünf Jahren und deiner Vorstrafe! Das bringt doch auch nichts mehr.« Rainer winkte ab.

»Du hast gut reden. Von wegen, das bringt nichts. Zwei oder drei Jahre mehr oder weniger spielen sehr wohl eine Rolle. Ich möchte dich mal sehen! Außerdem meint mein Verteidiger, dass ich mit einem Geständnis eine Chance habe, mit zwei Jahren davonzukommen.«

Rainer wandte sich wieder seinem Hauptgewinn zu. Lächelnd betrachtete er das Bild von dem Fünfsternehotel in der Zeitung. Sollte Sinan doch machen. Ihm war es egal. Ob die da auch Eissauna und Massage anboten? Sein Lächeln wurde breiter.

Geständnis als Verteidigungsstrategie

Meine letzte Woche bei der Staatsanwaltschaft Berlin begann. Am Montag gab ich meinen Ausstand. Ich hatte etwas zu trinken und Kuchen mitgebracht und die Kaffeerunde dauerte etwas länger. Oberstaatsanwalt Berndt grinste mich an und klopfte mir auf die Schulter: »Dit wirt aba Szeit, dit wa Se loswern. Jen Se ma zum Amtsjericht. Die wern sich freun.« Ich lachte mit, hatte aber doch ein mulmiges Gefühl, da ich am Dienstag ja noch mein Beurteilungszeugnis für die Zeit bei der Staatsanwaltschaft von ihm bekommen sollte. Das Zeugnis war dann aber doch sehr nett geschrieben. Die Kollegen wünschten mir viel Glück für die Zukunft. Dass ich lieber bürgerlich-rechtliche Streitigkeiten als Richter schlichten wollte, konnten sie dann aber doch nicht verstehen. Gerlinde sagte, wenn ich beim Amtsgericht einen versuchten Prozessbetrug mitbekommen würde, müsse ich die Akte sofort rüberschicken. Sie würde die Typen dann schon »drankriegen«. Jens lachte und meinte, Gerlinde solle sich bloß nicht überanstrengen, sonst müssten sie wieder andere Kollegen vertreten. Gerlinde fasste sich nachdenklich an den Rücken. Wir verabredeten, dass ich auf jeden Fall mal wieder vorbeischauen würde, wenn ich in der Nähe wäre. Schließlich war das Café Jura »extended version« vorbei. Ich schaute auf die Uhr und merkte, dass ich bald in den Gerichtssaal musste. Über das Wochenende hatte ich mein Plädoyer vorbereitet. Schuldig in allen Anklagepunkten, eine schlimme Tat bei einschlägiger Vorstrafe des Täters und schweren Folgen für die Opfer. Ich würde eine sehr hohe Strafe beantragen.

Doch ich kam vorerst nicht dazu. Kurz nachdem die Verhandlung begonnen hatte, kündigte die Verteidigung eine Einlassung an. Nicht der Angeklagte äußerte sich, sondern der Verteidiger verlas eine von Sinan H. unterzeichnete Erklärung. Danach gab er die Beteiligung an der Tat zu. Der Angeklagte sei einer der beiden Täter gewesen, welche die Zeugin Erika L. festgehalten hatten (und auch geschlagen, dachte ich). Der Angeklagte habe nicht gewusst, dass ein anderer Beteiligter eine Pistolenattrappe dabeihatte. Er habe auch nicht mitbekommen, dass diese Attrappe hervorgeholt und damit auf den Zeugen Werner L. eingeschlagen wurde. Der Angeklagte sei völlig damit beschäftigt gewesen, die Zeugin Erika L. in Schach zu halten. Der Plan sei es gewesen, die Zeugen zu überrumpeln und mit Klebeband zu fesseln. Die Folgen dieser Tat bedauere er zutiefst.

Einen Moment lang herrschte atemloses Schweigen im Gerichtssaal. Dann fragte die »lächelnde Guillotine« (der Vorsitzende Richter) freundlich, ob dies alles sei. Der Verteidiger bestätigte dies. Es sei die vollständige Erklärung, mehr würde nicht kommen.

Die Mitglieder des Gerichts schauten sich an, ob noch jemand Fragen habe. Dann wurde mir das Fragerecht erteilt. Ich wollte natürlich die Namen der Mittäter wissen. Sie sollten gleichfalls ihrer Strafe zugeführt werden. Erika L. sollte die Chance haben, auch in ihre Gesichter zu schauen. Aber die Nennung weiterer Namen lehnte die Verteidigung rundweg ab. Ich wies den Angeklagten darauf hin, dass die Reichweite der strafmildernden Wirkung des Geständnisses auch davon abhänge, ob der Angeklagte sich umfänglich äußere und zur vollständigen Aufklärung der Straftat beitrage. Die Verteidigung lehnte nochmals ab.

Wie konnte ich nun an die Namen der Mittäter kommen? Ich gab nochmals zu bedenken, dass ich eine hohe Strafe fordern würde und mein Antrag vielleicht niedriger ausfiele, wenn ich Namen erführe. Jetzt schaltete sich der Vorsitzende Richter ein und meinte, dass das Gericht bei der Strafhöhe auch noch ein Wort mitzureden habe. Egal. Angeklagter und Verteidiger wollten keine weiteren Angaben machen. Mir war das letztlich auch verständlich. Schließlich würde der Angeklagte von der Nennung der Mittäter nicht nur profitieren. Nach den betreffenden Personen würde zunächst gefahndet und bei Ergreifung ein DNA-Test durchgeführt werden. Sodann musste abgewartet werden, ob sich die Angaben des Angeklagten anhand der am Tatort gefundenen DNA-Spuren bestätigten. Allein die Aussage des Sinan H. würde wohl nicht für eine Verurteilung ausreichen. Jedenfalls war nicht auszuschließen, dass die Mittäter ihrerseits Sinan H. wegen anderer Raubtaten belasten würden. In den folgenden Ermittlungsverfahren würde man dann auch noch mal genauer nach einer DNA-Spur von Sinan H. suchen.

Besonders gut zu sprechen würden sie auf den »Verräter« bestimmt nicht sein. So konnte sich eine Preisgabe der Namen zu einem echten Bumerang für den Angeklagten entwickeln. Wie auch immer, da es nichts weiter zu verhandeln gab, verlas der Vorsitzende den Bundeszentralregisterauszug des Angeklagten. Er ging dabei genau auf die Vorstrafe wegen schweren Raubes ein und zitierte die damaligen Urteilsgründe. Es handelte sich um einen Banküberfall, bei dem die Täter, genau wie im jetzigen Fall, mit selbst gemachten Masken agierten. Der Angeklagte war geständig gewesen, was nicht weiter verwunderlich war, da er auf frischer Tat erwischt worden war. Auch damals hatte eine Bankangestellte wegen psychischer Probleme, die aus dem Überfall resultierten, ihre Arbeit aufgeben müssen. Sie war teilweise erwerbsunfähig geworden. Diesen Umstand hatte das Gericht dem Angeklagten in der Urteilsbegründung strafschärfend vorgehalten. Allein ohne jeglichen Erfolg. Der Angeklagte war zu drei Jahren und sechs Monaten Freiheitsstrafe verurteilt worden. Nach einem Jahr und elf Monaten Gefängnisaufenthalt wurde der Rest der Strafe zur Bewährung ausgesetzt und der Angeklagte nach Algerien abgeschoben. Die jetzt verhandelte Tat ereignete sich bereits gut drei Monate nach der Abschiebung. Der Angeklagte hatte genau da weitergemacht, wo er vor dem Gefängnisaufenthalt aufgehört hatte. Er war vielleicht nicht unbelehrbar, aber nah dran!

Schließlich unterbrach der Vorsitzende die Verhandlung für dreißig Minuten. Danach sollte ich das Abschlussplädoyer der Staatsanwaltschaft halten. Bei mir überwog insgesamt die Erleichterung über das Geständnis des Angeklagten. Einen Freispruch wurde es jedenfalls nicht geben. Ungeschickt war das Geständnis aber nicht. Die Verteidigung wollte hier ganz offensichtlich von dem hohen Strafmaß des § 250 Abs. 2 Strafgesetzbuch herunter (mindestens fünf Jahre Gefängnis).

Ich nahm letzte Veränderungen an meinen Notizen vor, dann war die halbe Stunde um. Die Tür in der aus Eichenholz geschnitzten Wandvertäfelung hinter der Richterkanzel öffnete sich. Die Richter traten aus dem Beratungszimmer und nahmen Platz. Ich erhob mich und begann mit meinem Plädoyer.

Zunächst ging es um die Festlegung des Strafrahmens, und da der Angeklagte zumindest den einfachen Raub des §249 Abs. 1 Strafgesetzbuch gestanden hatte, begann ich damit darzulegen, warum auch die höheren Strafqualifikationen des §250 Strafgesetzbuch erfüllt waren. Es müsse festgestellt werden, dass die Tat nicht spontan, sondern gut geplant durchgeführt wurde. Die Täter kannten den Seiteneingang und schlugen kurz nach Ladenschluss zu. Außerdem benutzten sie verschiedene Fluchtwege. Sie hatten die Örtlichkeiten und die Öffnungszeiten des Ladens vorher ausspioniert. Sie agierten arbeitsteilig mit Maskierung. So gut organisiert und dann wollten sie die Frage der Tatwerkzeuge nicht geregelt haben? Ich erklärte, dass dies ausgeschlossen sei. Wie wollten die Täter die Ladenbesitzer in Schach halten? Durch Hochheben einer Rolle Klebeband oder durch bloße Muskelkraft? Nein, die Einschüchterung durch die Pistolenattrappe passte genau ins Tatbild. Sie war eindeutig Teil des Plans.

Es war zulasten von Sinan H. nicht nachweisbar, dass er einer der beiden Täter war, die auf Werner L. eingeschlagen hatten. Schließlich lagen zwei Masken im Hausflur, und eine konnte von demjenigen stammen, der mit Erika L. beschäftigt gewesen war. Erika L. blutete stark und hatte es mit zwei Tätern zu tun. Und trotzdem hatte sie gesehen, wie ihr Mann mit der Pistole geschlagen wurde. Ihre beiden Widersacher hatten mit ihr eher leichtes Spiel und waren auf die Situation vorbereitet. Und sie sollten nichts von dem mitbekommen haben, was sich vielleicht drei Meter neben ihnen ereignete? Dort spielte schließlich die Musik. Werner L. war der ernstzunehmendere Gegner. In seiner Nähe befand sich auch die Kasse. Natürlich hatten die beiden Täter, die bei Erika L. standen, beobachtet, was da passierte! Also sei die Mindeststrafe von fünf Jahren des §250 Abs. 2 Strafgesetzbuch zugrunde zu legen, erklärte ich dem Gericht.

Innerhalb dieses Strafrahmens (fünf bis 15 Jahre Gefängnis) waren nun alle strafmildernden und strafschärfenden Gesichtspunkte abzuwägen und eine gerechte Strafe zu finden. Ich hätte überall gesucht, aber strafmildernde Gesichtspunkte gäbe es meines Erachtens nicht. Da sei allenfalls das Geständnis, welches strafmildernd berücksichtigt werden könnte. Im konkreten Fall sei es jedoch ziemlich entwertet. Schließlich habe der Angeklagte zunächst die gesamte Beweisaufnahme abgewartet und sich erst dann zum Geständnis entschlossen, als er mit dem Rücken zur Wand stand. Das Geständnis habe eher taktische Gründe, als dass es eine Distanzierung von der Tat zeige. Hinzu komme, dass er durch das Geständnis nicht zur weiteren Aufklärung der Straftat beitrage. Auch die erbeutete Summe von 1500 Euro sei nicht gerade gering. Für die Opfer stelle das jedenfalls viel Geld dar. Strafschärfend seien zudem die erheblichen Folgen für die Opfer zu berücksichtigen, fuhr ich fort. Ich erklärte, dass ich bis heute nicht verstanden hätte, wie es Erika L. geschafft habe, die zwei Täter abzuschütteln und durch den kleinen Laden- und den gesamten Hausflur bis zur Haustür zu gelangen und um Hilfe zu schreien. Ich könne mir das nur so erklären, dass sie in wahrer Todesangst gekämpft und zusätzliche Kräfte entwickelt hätte. Und kämpfen, das müsse sie auch heute noch. Jede Nacht, wenn die maskierten

Täter wieder in ihren Albträumen erschienen. Ich dachte an Erika L. und mir versagte etwas die Stimme. Ich bekam feuchte Augen. Verdammt! Ich schaute nach unten und biss die Zähne zusammen. Völlig unprofessionell. Was war denn jetzt los? Zu Hause hatte ich das Plädoyer zur Probe gehalten. Da hatte es keinerlei Probleme gegeben. War ich noch nicht abgebrüht genug, fehlte da noch Berufserfahrung oder war ich einfach zu viel Weichei für diesen Job? Ließ ich den Fall zu dicht an mich heran? So oder so, ich musste weitermachen. Mit leiserer Stimme und gesenktem Kopf hangelte ich mich durch. Es wurde dann auch wieder besser, aber erst, als ich im Rahmen meines Plädoyers nicht mehr weiter auf Erika L. eingehen musste. Vorher hatte ich das Gericht aber nochmals daran zu erinnern, dass Erika L. bis heute unter den Folgen der Tat litt. Dass sie ihren Laden hatte schließen müssen. Der Laden, für den sie und Werner L. so hart gearbeitet hatten. Und dass sie jetzt in einer Imbissbude als Angestellte Pommes und Würstchen zubereitete, aber sich vor jedem Kundenkontakt fürchtete. Schlimme Narben einer Tat, die niemand sieht und die wohl niemals verheilen würden.

Außerdem müsse man bei den strafschärfenden Gründen auch die Persönlichkeit des Angeklagten berücksichtigen. Er sei einfach skrupellos und selbst die Verurteilung zu einer hohen Freiheitsstrafe habe ihn bisher nicht stoppen können. Das zeige schon der zeitliche Zusammenhang der Tat mit der vorherigen Verurteilung. Kurz nach der Entlassung habe er wieder zugeschlagen. Er kenne auch die schweren psychischen Auswirkungen auf die Opfer seiner Gewalttaten. Aus der schriftlichen Begründung seiner eigenen Verurteilung! Aber das spiele für ihn ja keine Rolle. Andere sollten bluten für die finanziellen Wünsche und Erwartungen des Angeklagten.

Wie sollte er nun bestraft werden? Ich beantragte eine Freiheitsstrafe von zehn Jahren und die Fortdauer der Untersuchungshaft. Ich setzte mich erleichtert, nachdem ich mein Plädoyer beendet hatte. Es war wohl Mitleid mit der Zeugin Erika L., die so tapfer die Folgen dieser Gewalttaten ertrug und die Wut über den Angeklagten, der solche Schicksale wahrscheinlich regelmäßig in Kauf nahm, was mir die Tränen in die Augen getrieben hatte. Die Art, wie Erika L. ihren Schmerz ohne Tränen ertrug, ließ andere weich werden. In diesem Moment bekam ich mit, dass nun wirklich jemand weinte. Es war der Angeklagte selbst, der hemmungslos in Tränen ausbrach. Das wurde nun auch dem Vorsitzenden zu viel: »Benehmen Sie sich doch mal wie ein Mann. Was soll das denn jetzt? Als Sie auf die Zeugin Erika L. einschlugen, haben Sie doch auch nicht geweint!«

Es folgte das Plädoyer des Verteidigers. Er meinte, dass das Plädoyer des Staatsanwalts sicher nicht »unsympathisch« wirke. Die beantragte Strafe sei aber absurd hoch. Zum einen greife nur eine Mindeststrafe von einem Jahr. Sein Mandant habe die Tat eingeräumt. Niemand könne ihm nachweisen, dass er von der Pistolenattrappe gewusst, geschweige denn ihren Einsatz gebilligt habe. Ja, der Angeklagte sei einschlägig vorbestraft. Aber das Geständnis müsse stark strafmildernd berücksichtigt werden. Eine Freiheitsstrafe von zwei Jahren sei durchaus angemessen. Der Angeklagte hatte sodann das letzte Wort und bat unter Tränen darum, ihm keine hohe Strafe zu geben. Es sei die einzige Tat, die er nach der Verurteilung begangen habe und er werde nie wieder straffällig werden. Das Gericht zog sich zur Beratung zurück. In etwa dreißig Minuten sollte das Urteil verkündet werden.

Der Angeklagte verschwand mit zwei Gerichtswachtmeistern in der Seitenwand des Sitzungssaales. Verschluckt von den Innereien dieses riesigen Baukörpers. Die Wachtmeister hatten die Sicherheitsvorkehrungen erhöht, als sie hörten, dass zehn Jahre Gefängnis beantragt worden waren und nachdem am Vormittag einem anderen Angeklagten zwei Säle weiter die Flucht gelungen war. Er war durch das geschlossene Fenster des Sitzungssaales in einen Innenhof gesprungen (Höhenunterschied mindestens drei Meter) und war offenbar so weit unverletzt geblieben, dass er erfolgreich flüchten konnte.

Nur ein schwerer Raub

Das Gericht kehrte aus der Beratung zurück. Alle erhoben sich und das Gericht verurteilte den Angeklagten im Namen des Volkes zu sechs Jahren und neun Monaten Freiheitsstrafe. Das Gericht wandte den Strafrahmen des §250 Abs. 1 Strafgesetzbuch (drei Jahre Mindeststrafe) an. Die Tat sei in allen Einzelheiten geplant gewesen. Das Gericht sei der festen Überzeugung, dass dazu auch die Pistolenattrappe gehörte. Durch gute Worte lasse sich ein Opfer kaum zur bereitwilligen Hinnahme der Fesselung überreden. Zugunsten des Angeklagten müsse im Zweifel jedoch davon ausgegangen werden, dass er einer der beiden Täter war, die Erika L. festgehalten und geschlagen hatten. Das Gericht hielt es zwar für unwahrscheinlich, aber eben nicht für ausgeschlossen, dass der Angeklagte den Einsatz der Pistolenattrappe als Schlagwerkzeug im Eifer des Gefechts nicht mitbekommen habe. Innerhalb des so gegebenen Strafrahmens seien vor allem die schweren Tatfolgen strafschärfend zu berücksichtigen gewesen. Das betreffe zunächst Erika L. Ihre Schilderungen und ihre weitere Lebensgeschichte hätten das Gericht tief bewegt. Aber auch Werner L. dürfe nicht vergessen werden. Er habe schließlich ebenfalls ganz schön was abbekommen. Auf der anderen Seite, und sicher am anderen Ende der Skala menschlicher Wertschätzung, stünde der Angeklagte. Seinem Geständnis könne das Gericht nicht viel Gutes abgewinnen, zumal der Angeklagte ohnehin kurz vor der Verurteilung gestanden habe. Auch hohe Freiheitsstrafen würden keinen bleibenden Eindruck beim Angeklagten hinterlassen. Aber andere Mittel habe das Gericht eben nicht. Und wenn die Strafe nur dazu diene, die Allgemeinheit wenigstens für eine gewisse Zeit vor dem Angeklagten zu schützen.

Die »lächelnde Guillotine« beugte sich vor und blickte dem Angeklagten direkt in die Augen. Der Angeklagte müsse sich später nach seiner Entlassung überlegen, ob er noch mal straffällig werden wolle. Dann könne es gut sein, dass er für viel längere Zeit oder sogar für immer die Welt hinter Gitterstäben betrachten müsse. Es war kein Lächeln im Gesicht des Vorsitzenden zu sehen. Ich überlegte, ob da in diesem Prozess jemals eines gewesen war, konnte mich aber nicht daran erinnern.

Als Einzelfall gesehen, so der Vorsitzende, hätte die Strafe sieben Jahre und sechs Monate betragen müssen. Nach dem Strafgesetzbuch sei jedoch die Leipziger Verurteilung zu berücksichtigen und eine Gesamtstrafe zu bilden.* Da aber die Strafe für die gestohlene Wodkaflasche bereits vollstreckt sei, könne sie nicht mehr einbezogen werden. Um dem Gesamtstrafenprinzip dennoch gerecht zu werden, sei deshalb ein strafmildernder Ausgleich vorzunehmen. Daher die »nur« sechs Jahre und neun Monate Freiheitsstrafe.

* Anders als in einigen Bundesländern der Vereinigten Staaten üblich, werden dabei nicht einfach die einzelnen Strafen addiert, sondern es wird eine Gesamtstrafe gebildet, die über der höchsten Einzelstrafe (hier sieben Jahre und sechs Monate) liegt und weniger als die Summe aller Strafen (hier sieben Jahre und sechs Monate + ein Jahr und zwei Monate = acht Jahre und acht Monate) beträgt, was man als Asperations- oder Verschärfungsprinzip bezeichnet.

Dann war die Urteilsbegründung zu Ende. Die schriftliche Darlegung der Entscheidung würde später erfolgen. Der Angeklagte wurde abgeführt und der Verteidiger packte seine Sachen zusammen. Ich ging zu ihm und erklärte, dass es vielleicht in Absprache mit den zuständigen Stellen bei Staatsanwaltschaft und Vollstreckungsgericht eine Möglichkeit gäbe, den Angeklagten etwas früher aus der Haft zu entlassen (was bei seiner Vorstrafe eigentlich nicht möglich war). Dazu müsse der Angeklagte aber Namen nennen, die auch bestätigt werden konnten. Wenn er dazu irgendwann bereit sei, solle sich der Verteidiger bei der Staatsanwaltschaft melden. Sechs Jahre und neun Monate sind schließlich eine lange Bedenkzeit, dachte ich.

Schnell war dann auch der Verteidiger verschwunden, und ich steckte meine Unterlagen ein. Die Berufsrichter kamen aus dem Beratungszimmer und wollten in ihre Büros zurückkehren. Sie verabschiedeten sich von mir bis zum nächsten Mal. Ich erwiderte, dass es wohl kein nächstes Mal gebe, da ich zum Zivilgericht wechseln würde. Außerdem sei ich froh, mich nicht häufiger mit so furchtbaren Fällen beschäftigen zu müssen. Ein Beisitzer meinte nur, dass er den Fall gar nicht so schlimm finde. Sie würden noch ganz andere Sachen verhandeln. Es sei doch *»nur ein schwerer Raub«* gewesen. Ich schaute ihm nach, bis er hinter der Saaltür verschwand. Er war knapp zwei Meter groß, vielleicht Anfang vierzig und machte einen sehr ernsthaften, aber nicht unfreundlichen Eindruck. Zuerst wollte ich es ihm nicht abnehmen, dass er den Fall nicht so furchtbar fand. Wahrscheinlich wäre er am Anfang seiner Karriere genauso entsetzt über den Raub gewesen wie ich. Dann kamen die vielen Jahre als Beisitzer in der großen Strafkammer und die Maßstäbe begannen sich zu verschieben. Unmerklich, als Teil dieses menschlichen Verdrängungsautomatismus, der uns die Möglichkeit gibt, selbst grauenvollste Erlebnisse zu überstehen. Die Bereitschaft, Leid nicht nur zu sehen und für die Strafzumessung zu taxieren, sondern wirklich mitzuempfinden, wird zugunsten des Erhalts des inneren Seelenfriedens zurückgedrängt. Es musste so sein. Wie sonst sollten zum Beispiel Staatsanwälte, die jahrelang ausschließlich für Vergewaltigung und Kindesmissbrauch zuständig waren, mit ihren Erlebnissen klarkommen? Wie könnten sonst Ärzte ihre Arbeit auf einer Krebsstation für Kinder bewältigen?

Noch ein paar Jahre bei der Staatsanwaltschaft und ich würde den Fall der Erika L. ähnlich wie der Beisitzer erleben. Als nicht besonders schlimm, eben nur ein Fall unter vielen. Die Stoiker im alten Athen hätten das als lobenswerten Schritt auf dem Weg zur inneren Unabhängigkeit angesehen. Aber ich sah nichts Erstrebenswertes darin, genauso wie die meisten Staatsanwälte und Strafrichter es sicher nur als notwendige Folge ihrer Arbeit betrachteten.

Als ich in mein Zimmer zurückging, war es schon später Nachmittag und die riesige Haupthalle lag bereits im Halbdunkel. Sie war fast genauso menschenleer wie der Zuschauerraum des Sitzungssaales während der Verhandlung des Raubfalles. Die Staatsanwaltschaft würde mit der Höhe der Strafe gut leben können, überlegte ich, und entschied, keine Revision gegen das Urteil anzuregen. Zwei oder drei Jahre Freiheitsstrafe mehr oder weniger für Sinan H. – brachte das etwas Entscheidendes? Ich bezweifelte es. Jedenfalls nicht für Erika L. Die Frage stellte sich, ob sie die

Höhe der Strafe oder die Strafe als solche überhaupt interessierte. Das war schwer zu beurteilen. Mehr als einen Mosaikstein in der Verarbeitung des Überfalls konnte das Urteil eigentlich nicht darstellen.

Ich rief Kriminaloberkommissar Konrad an. Ich hatte ihm versprochen, ihn über den Ausgang des Falles zu informieren. Mit der Strafe schien er zufrieden, zeigte sich aber enttäuscht, dass der Angeklagte die Namen der Mittäter nicht preisgegeben hatte. Ich konnte das verstehen, denn dort lag sicherlich der Schlüssel für die Aufklärung vieler weiterer Raubüberfälle.

Abschied in der Mittelhalle

Wenig später befand ich mich auf dem Weg zum Ausgang im Hauptportal des Kriminalgerichts, stieg die breite Treppe der Mittelhalle hinunter. Durch die Notbeleuchtung waren die Umrisse der Halle nur unscharf zu erkennen. Andere Personen waren nicht mehr unterwegs. Es war still. Das dicke Mauerwerk der riesigen Mittelhalle schwieg mich an. Die Mauern hatten alles mitbekommen und so viel mehr an Elend und Verzweiflung in den hundert Jahren ihres Bestehens. Gut, dass sie stumm blieben. Es war wahrscheinlich mehr, als ein Mensch ertragen konnte. In dem einen Jahr als Staatsanwalt hatte ich eine Ahnung von der Dimension menschlicher Abgründe erhalten.

Ich habe nie erfahren, ob Sinan H. sich doch noch dazu entschlossen hat, weitere Namen zu nennen, und ob Erika L. der Blick in sein Gesicht geholfen hat, ihren Kampf gegen die maskierten Täter endlich zu beenden. Ich denke oft an mein Jahr als Staatsanwalt zurück. Die Ausbildungsphase, die man als Neuling bei der Staatsanwaltschaft zu absolvieren hat, ist sicherlich nicht einfach. Harte Zeiten. Aber bei all den Problemen fühlte ich mich nie allein in der eingeschworenen Gemeinde unserer Abteilung, unter den Fittichen von Oberstaatsanwalt Berndt. Die schlimmen Gerüchte, die es vorab gegeben hatte, konnte ich jedenfalls nicht bestätigen.

Mein Kollege, mit dem ich vor unserer gemeinsamen Abordnung zur Staatsanwaltschaft diesen düsteren Schicksalsschlag beklagte, bat übrigens darum, bei der Staatsanwaltschaft bleiben zu dürfen, und bekämpft heute insbesondere die Strukturen organisierter Kriminalität.

Schlusswort

Ob aus meinen Schilderungen ein gutes oder spannendes Buch geworden ist, mögen andere beurteilen. Wenn die besten Geschichten das Leben selbst schreibt, so hat dieses Buch zumindest eines für sich. Alle Fälle und Begebenheiten haben sich so ereignet. Lediglich Namen und Tatorte wurden verändert.

Soweit es um das geschilderte Innenleben des (Serien-) Täters, um seine Dialoge mit Zellennachbarn und Ermittlungspersonen geht, war ich um eine nahe liegende Interpretation bemüht, was auch für die Einstellungen der beteiligten Kriminalbeamten gilt, soweit sich dies nicht aus dem jeweiligen Akteninhalt, den Hauptverhandlungsterminen oder persönlichen Gesprächen ergab.